座右铭书系

Zuoyouming Shuxi

座右铭书系

名人言

刘巍编

中国文史出版社

目　录

爱国心是人类最高的道德

对于任何国民来说，最伟大、最神圣的东西是自己的祖国。

——〔美国〕哈里斯

不要问你的祖国能为你做什么；要问你能为你的祖国做什么。

——〔美国〕肯尼迪

人们组成这个社会仅仅是为了谋求、维护和增进公民们自己的利益。

——〔英国〕洛　克

我怀着比对我自己的生命更大的尊敬、神圣和严肃，去爱国家的利益。

——〔英国〕莎士比亚

一个人愈同情民族或世界，愈是为民族、为全世界，那么他也就愈不把自己当作中心。

——〔英国〕雪　莱

所谓爱国心，是指你身为这个国家的国民，对于这个国家，应当比对其他一切的国家感情更深厚。

——〔英国〕萧伯纳

民主国家之人民，皆有爱国之念与自重之心。

——〔法国〕孟德斯鸠

人类最高的道德是什么？那就是爱国心。

——〔法国〕拿破仑

爱国是文明人的首要美德。

——〔法国〕拿破仑

要努力给自己找到一种对祖国或对人类的强烈信仰，以便使你有可能将自己的努力和思想同祖国或人类联系起来。

——〔法国〕贝朗瑞

我越观光别的国家，我越爱自己的国家。

——〔法国〕司汤达

人们不能没有面包而生活；人们也不能没有祖国而生活。

——〔法国〕雨　果

科学是没有国界的，因为它是属于全人类的财富，是照亮世界的火把，但学者是属于祖国的。

——〔法国〕巴斯德

必须经过祖国这一层楼，然后更上一层楼，达到人类的高度。

——〔法国〕罗曼·罗兰

我们波兰人当国家遭到奴役的时候，是无权离开自己的祖国的。

——〔法国〕居里夫人

国家高高地站在自然生命之上，正好与精神高高地站在自然界之上一样。因此，人们必须崇敬国家。

——〔德国〕黑格尔

爱国的人，把其根深植在本能以及情操里。国家之爱，乃是亲人之爱的扩大延长。

——〔德国〕费希特

谁不属于自己的祖国，他就不属于人类。

——〔德国〕海　涅

热爱自己的祖国是理所当然的事。

——〔德国〕海　涅

祖国对我们来说，必须比我们自己贵重。

——〔罗马〕西塞罗

为祖国而牺牲是愉快而光荣的。

——〔罗马〕贺拉斯

聪明的旅行者，永远不轻视自己的国家。

——〔意大利〕哥尔多尼

我们要把心灵里的美丽的激情献给祖国。

——〔俄国〕普希金

我不能不热爱祖国，但是这种热爱不应消极地满足现状，而应该是生气勃勃地希望改进现状，并尽自己的力量来促进这一点。

——〔俄国〕别林斯基

对时代的共鸣，对祖国、艺术、科学的热爱，在那里，人才能敞开自己的心扉来容纳全人类的东西。

——〔俄国〕赫尔岑

没有祖国，就没有幸福。每个人必须植根于祖国的土壤里。

——〔俄国〕屠格涅夫

只有一件事是重要的：爱人民，爱祖国，用心和灵魂为它们服务。

——〔俄国〕涅克拉索夫

没有再比对祖国的命运、对亲人的命运无动于衷和丧尽天良的人更危险的了。

——〔俄国〕谢德林

爱国主义的力量多么伟大！在它面前，人的爱生之念、畏苦之情算得了什么？人本身又算得了什么？

——〔俄国〕车尔尼雪夫斯基

每一个伟大人物的历史意义，是以他对祖国的功勋来衡量的，他的人品是以他的爱国行为来衡量的。

——〔俄国〕车尔尼雪夫斯基

要尽可能做一个对祖国有用的人。

——〔俄国〕列夫·托尔斯泰

真正的爱国主义不应表现在漂亮的话上，而应表现在为祖国谋福利、为人民谋福利的行动上。

——〔俄国〕杜勃罗留波夫

我无论做什么，始终在想着，只要我的精力允许的话，我就要首先为我的祖国服务。

——〔俄国〕巴甫洛夫

我愿用我全部的生命从事科学研究，来贡献给生育我、栽培我的祖国和人民。

——〔俄国〕巴甫洛夫

我没有理由因自己是保加利亚人而羞耻，相反，我为自己是保加利亚工人阶级的儿子而感到骄傲。

——〔保加利亚〕季米特洛夫

爱自己的祖国。这就是说，要渴望祖国能成为人类理想的体现，并尽自己的力量来促进这一点。

——〔苏联〕加里宁

我赞美祖国的现在，我三倍地赞美祖国的将来。

——〔苏联〕马雅可夫斯基

爱国心再和对敌人的仇恨用乘法乘起来——只有这样的爱国心才能导向胜利。

——〔苏联〕奥斯特洛夫斯基

无论祖国的前途如何，要是把我和挪威分开，那就等于割掉我的手臂和双腿。

——〔挪威〕格里格

倘若城邦的所有成员都要无视法律，那么仅就这一行为，他们就会解散城邦，摧毁国家。

——〔荷兰〕斯宾诺莎

纵使世界给我珍宝和荣誉，我也不愿离开我的祖国，因为纵使我的祖国在耻辱之中，我还是喜欢、热爱、祝福我的祖国！

——〔匈牙利〕裴多菲

我是你的，我的祖国！都是你的，我的这心、这灵魂；假如我不爱你，我的祖国，我能爱哪一个人？

——〔匈牙利〕裴多菲

一个人只有把自己的事业和祖国的事业联系起来才能有所进步，才能有所作为。

——〔古巴〕何塞·马蒂

对祖国的爱，就是对凡是压迫它的人们的不可战胜的仇恨，就是对凡是侵略它的人们的无终止的深恶痛绝。

——〔古巴〕何塞·马蒂

爱祖国高于一切。

——〔波兰〕肖　邦

国耻未雪，何由成名？

——李　白

贤者不悲其身之死，而忧其国之衰。

——苏　洵

位卑未敢忘忧国。

——陆　游

天下兴亡，匹夫有责。

——顾炎武

社会犹如一条船

弱者往往被人推到墙上，但是，一个公正的社会有责任使这堵墙成为可攀登的。

——〔美国〕哈里斯

主持正义是政府最坚定的支柱。

——〔美国〕华盛顿

进步是今天的活动、明天的保证。

——〔美国〕爱默生

我相信，政府不会忍受我们的国家永远一半奴役一半自由。

——〔美国〕林　肯

虽然劳力先于资本，但劳力需要依靠资本。资本是劳力的果实；假使最初没有劳力，资本也永远无从产生。所以劳力比资本年长，应该更被重视。

——〔美国〕林　肯

人民是唯一的批评家，他的判断总是有分量的。

——〔美国〕马克·吐温

历史的大悲剧不是发生于正确与错误相对抗时，而是发生于两个正确互相对抗时。

——〔美国〕基辛格

国家的伟大取决于它的普通百姓的伟大。

——〔美国〕威尔逊

世界是一出戏，要是事先知道情节，就不值得看了。

——〔美国〕科尔比

历史是一门不能忽视已知事实的艺术。

——〔美国〕贝伦逊

有德的人民不会推举出腐败的代议士，卑劣、懒惰、不懂辨别的人民不会拥有廉能的政府，这是古今的通则。

——〔英国〕伯　克

国家的进步是个人的勤勉、奋力、向上的总汇，正如国家的衰落是个人的怠惰、自私和恶习的总汇一样。　　　　——〔英国〕斯迈尔斯

世界史，即作为人在世界上的成就的历史，归根到底就是已发挥作用的伟大的人们的历史。

——〔英国〕卡莱尔

传记是唯一真实的历史。

——〔英国〕卡莱尔

社会不论在任何时代，都不会妨碍人民发挥实力。

——〔英国〕卡莱尔

历史是传闻的结晶。

——〔英国〕卡莱尔

伟大的国家，就是能产生出伟大人物的国家。

——〔英国〕迪斯累里

社会和自然的区别就在于，社会是有一定道德目标的。

——〔英国〕赫胥黎

历史的教训之一是，没有什么事永远是可做的好事，也没有什么永远可说的好话。

——〔英国〕菲希尔

在我的国家，就像在你的国家一样，政府人员荣于当国家的公仆，而羞于当国家的主人。

——〔英国〕丘吉尔

我的国家有一颗雄狮的心，而我只是有幸唤醒它咆哮。

——〔英国〕丘吉尔

个人之间相互憎恨的害处有限。但是大国集团之间相互憎恨，对国民的害处是巨大的、绝对的。

——〔英国〕罗　素

没有力量的正义是无效的，没有正义的力量就是压制。无力的正义会招来反抗，无正义的力量会遭到弹劾。

——〔法国〕帕斯卡

我深信只有有道德的公民才能向自己的祖国致以可被接受的敬礼。

——〔法国〕卢　梭

强力并不构成权力，而人们只是对合法的权力才有服从的义务。

——〔法国〕卢　梭

国王之中，很少有哪一个是不应当被人们推翻的。

——〔法国〕拿破仑

震动世界的秘诀只有一个，那就是强而有力。因为，权力之中没有谬误或错误。

——〔法国〕拿破仑

为政之道就是勇往直前，有进无退。

——〔法国〕拿破仑

人民的伟大不是以他的数量来衡量，正如一个人的伟大不是以他的身高来衡量一样。衡量伟大的唯一尺度是他的精神发展和道德水平。

——〔法国〕雨　果

历史感指的是这样一种高度文化修养的感觉，它评价本时代的功绩和勋业，也考虑到过去的时代。

——〔德国〕歌　德

当一个民族破灭、心理上退化时，便会衍生恶德和奢侈。

——〔德国〕尼　采

从历史中追寻和找出真实是一桩非常困难的事情。

——〔希腊〕普鲁塔克

国王必须是一只狮子，但是也需知道怎样做一只狐狸。

——〔希腊〕普鲁塔克

在一种民主制度国家中受贫穷，也比在专制统治下享受所谓幸福好，正如自由比受奴役好一样。

——〔希腊〕德谟克利特

历史是时代的见证、真理的火炬、记忆的生命、生活的老师和古人的使者。

——〔罗马〕西塞罗

如果你不了解在你出生以前发生的事情，你始终只能是个孩子。如果人类生活不与其祖先的生活结合起来，并被置于历史的氛围中，那它又有什么价值？

——〔罗马〕西塞罗

世界是一本书，没有旅行过的人只读了一页。

——〔罗马〕奥古斯丁

每一种真正的历史都是当代史。

——〔意大利〕克罗齐

人类用认识的活动去了解事物，用实践的活动去改变事物，用前者去掌握宇宙，用后者去创造宇宙。

——〔意大利〕克罗齐

创造人的是大自然，启迪和教育人的却是社会。

——〔俄国〕别林斯基

人类关系只有在未被庸俗化的时候，才能成为真实而神圣的东西。

——〔俄国〕赫尔岑

凡是为人民解放事业而奋斗的，或是为捍卫一个伟大真理而忍受穷苦的人们，才是英雄。

——〔古巴〕何塞·马蒂

权欲如同烈酒和毒药，使人丧失理智。

——〔挪威〕易卜生

社会犹如一条船，每个人都应当有掌舵的准备。

——〔挪威〕易卜生

人类的历史是耐心等待被虐待者获胜的福音。

——〔印度〕泰戈尔

独夫们是凶暴的，但人民是善良的。

——〔印度〕泰戈尔

为政之道，得人、治事，二者并重。得人不外四事，曰广收、慎用、勤教、严绳；治事不外四端，曰经分、纶合、详思、约守。操斯八术以往，其无所失矣。

——曾国藩

爱政以爱人为本。

——薛　瑄

愈艰难，就愈要做。改革，是向来没有一帆风顺的，冷笑家的赞成，是在见了成效之后。

——鲁　迅

自由比什么都宝贵

一旦自由开始生根，就会成为一棵生长极快的植物。

——〔美国〕华盛顿

自由失于放肆之时，专制之魔最易乘虚而入。

——〔美国〕华盛顿

自由是和健全的限制成正比例而存在的。

——〔美国〕韦伯斯特

法律是显露的道德，道德则是隐藏的法律。

——〔美国〕林　肯

给别人自由和维护自身的自由，两者同样是崇高的事业。

——〔美国〕林　肯

狼和羊都没有资格谈自由。

——〔美国〕林　肯

选票比枪弹的力量更大。

——〔美国〕林　肯

放纵必需的自由而求暂时的安全的人们，结果既失去自由，又得不到安全。

——〔美国〕富兰克林

过分宽大的法律，不易使人服从；太严厉的法律，则绝少被遵守。

——〔美国〕富兰克林

我们不能仅靠人类内心爱自由来维护自由。

——〔美国〕亚当斯

自由在于勇敢之中。

——〔美国〕弗罗斯特

没有人高于法律，也没有人低于法律；我们在要求某人遵守法律时不需要征得他的同意。

——〔美国〕罗斯福

即使是金子的镣铐，也没有人喜欢。

——〔美国〕海伍德

法律是社会的习惯和思想的结晶。

——〔美国〕威尔逊

比其他任何自由还要先给我们的，是基于良知的自由，以及求知、思考、信仰、言论的自由。

——〔美国〕威尔逊

人民的宁静是最高的法律。

——〔英国〕培　根

将法律施用于他人的人，他自己也当然应该服从这一法律。

——〔英国〕乔　叟

在所有的人都获得自由之前，没有一个人能完全自由；在所有的人都有道德之前，没有一个人能完全有道德；在所有的人都幸福之前，没有一个人能完全幸福。

——〔英国〕斯宾塞

我们不能把法律当作吓鸟用的稻草人，让它安然不动地矗立在那边，鸟儿们见惯以后，在它顶上栖息而不再对它害怕。

——〔英国〕莎士比亚

法律所追究的只是公诸法律的事实。

——〔英国〕莎士比亚

没有共同权利的地方就没有法律，而没有法律的地方就无所谓不公正。

——〔英国〕霍布斯

"自由"这个词，按照确切含义说，就是外界障碍不存在的状态。这种障碍往往会使人们失去一部分做自己想要做的事情的力量，但不能妨碍按照自己的判断和理性所指示的方式去使用剩下的力量。

——〔英国〕霍布斯

只有具有道德的人才从心底热爱自由，而其余的人爱的只是放纵而非自由，而放纵绝不会带给人们比在专制之下更多的机遇和恩惠。

——〔英国〕弥尔顿

让人民中最合适的人去挑选，选出最合适的人去治理国家。

——〔英国〕弥尔顿

公民不能参与制定为他们制定的法律，否则他们的自由就绝不能存在。

——〔英国〕弥尔顿

人的自由和依照他自己的意志来行动的自由，是以他具有理性为基础的。理性能教导他用以支配自己行动的法律，并使他知道对自己的自由意志听从到什么程度。

——〔英国〕洛　克

人类天生都是自由、平等和独立的，如不得本人的同意，不能把任何人置于这种状态之外，使之受制于另一个人的政治权力。

——〔英国〕洛　克

如果没有自由，则理解就完全没有意义；如果没有理解，则自由（如果还有自由的话）全无意义。

——〔英国〕洛　克

没有人在被赋予一项权利时不同时担负起一项责任。

——〔英国〕约翰生

自由，只有与秩序相联系的自由才不仅与秩序的美德同在，而且须臾不能与之相分离。

——〔英国〕伯　克

良好的秩序是一切的基础。

——〔英国〕伯　克

自由唯有获得法律的保证方能成立。天外或法外是没有自由的。

——〔英国〕奥斯丁

在自由的国度里，怨言多，痛苦少；在专制的统治下，怨言少，痛苦多。

——〔英国〕卡莱尔

不遵守规章制度的人，不能自由。

——〔英国〕卡莱尔

吸烟的人和不吸烟的人在同一节火车车厢里无法同样地自由。

——〔英国〕萧伯纳

自由意味着责任，这是大多数人惧怕的原因。

——〔英国〕萧伯纳

人类最没有意识到自由的时候，是最自由的了。

——〔英国〕劳伦斯

法律是无声的法官，而法官则是会说话的法律。

——〔法国〕加尔文

放弃自己的自由，就是放弃自己的人格。……取消了自我意志的一切自由，也就是取消了自我行为的一切道德性。

——〔法国〕卢　梭

无自由，则国家不能存；无道德，则自由不能存。

——〔法国〕卢　梭

自由不仅在于实现自己的意志，而尤其在于不屈服别人的意志；自由还在于不使别人的意志屈服于我们的意志，如果屈服了，那就不是服从公约的法律了。

——〔法国〕卢　梭

唯有服从人们为自己制定的法律才是自由。

——〔法国〕卢　梭

一切自由的行为，都是由两种原因的结合而产生的：一种是精神的原因，亦即决定这种行为的意志；

另一种是物理的原因，亦即执行这种行动的力量。

——〔法国〕卢　梭

　　自由，是因为一切个人的依附都要削弱国家共同体中同样大的一部分力量；平等，是因为没有它，自由便不能存在。

——〔法国〕卢　梭

　　人们生而自由，但也无时不在枷锁之中。自以为是其他一切主人的人，反而比其他一切更是奴隶。

——〔法国〕卢　梭

　　做一个正直的人，就必须把灵魂的高尚与精神的明智结合起来。任何一个在自己身上结合了两种不同的自然赠品的人，都是以公共利益作为行动的指南的。这种利益是人类一切美德的原则，也是一切法律的基础。

——〔法国〕爱尔维修

　　对人民来说，唯一的权力是法律；对个人来说，唯一的权力是良心。

——〔法国〕雨　果

　　自由比什么都宝贵。

——〔法国〕梅里美

　　哲学上的自由，是要能够行使自己的意志，或者至少（如果应从所有的体系来说的话）自己相信是在行使自己的意志。政治的自由是要有安全，或是至少自己相信有安全。这种安全从来没有比在公的或私的控告时受到的威胁更大的了。因此，公民的自由主要依靠良好的刑法。

——〔法国〕孟德斯鸠

自由是做法律所许可的一切事情的权利；如果一个公民能够做法律所禁止的事情，他就不再有自由了，因为其他的人同样会有这个权利。

——〔法国〕孟德斯鸠

在一个有法律的社会里，自由仅仅是：一个人能够做他应该做的事情，而不被强迫去做他不应该做的事情。

——〔法国〕孟德斯鸠

不爱自由和真理的人，可能成为强有力的人，但绝不会成为伟大的人。

——〔法国〕伏尔泰

每个人理当成为自己的主人，这是他们天生的权利。

——〔德国〕康 德

带来安定的是两种力量：法律和礼貌。

——〔德国〕歌 德

只有每天不得不为自由和生活而奋斗的人，才配享受自由和生活。

————〔德国〕歌 德

一个人只要宣称自己是自由的，就会同时感到他是受约束的。如果他敢于宣称自己是受约束的，他就会感到自己是自由的。

————〔德国〕歌 德

那种并不自由却认为自己是自由的人，是不折不扣的奴隶。

————〔德国〕歌 德

如果一个人有充分的自由来过健康的生活，从事他的本行工作，这对他来说就足够了。这种充分的自由是每个人都容易得到的。我们大家都只能在某种条件下享受自由，而这些条件是应当履行的。

————〔德国〕歌 德

从哲学的意义上，我根本不相信人类的自由。人们所做的事情，不仅是由于外界的强制，而且与内在的需要一致。

————〔德国〕爱因斯坦

法律永远不会产生伟大人物，只有自由才能造就巨人和英雄。

————〔德国〕席 勒

不能制约自己的人，不能称之为自由的人。

——〔希腊〕毕达哥拉斯

法官的四条守则：谦恭地听取，机智地答复，冷静地思考，公正地判决。

——〔希腊〕苏格拉底

端正的法官，先正理而后责人。

——〔希腊〕苏格拉底

任何国家或个人，极端的自由必然会导致极端的奴役。

——〔希腊〕柏拉图

法律一部分是为善良的人们制定的，以指导他们友好相处；一部分则是为拒不接受教导的人而制定的。因为他们的灵魂或桀骜不驯，顽固不化；或一意孤行，造孽作恶。

——〔希腊〕柏拉图

每个人都应该对其他人负责，而不应当允许任何人只按照自己好恶去行事。如果有的地方允许绝对的自由，那么这些地方便没有任何东西能压制每个人身上与生俱有的邪恶。

——〔希腊〕亚里士多德

自由比任何思想都具有重大的价值。但是接受了恩惠，就丧失了自由。

————〔波斯〕萨　迪

不要过分地醉心于放任自由。一点儿也不加以限制的自由，它的害处与危险实在不少。

————〔俄国〕克雷洛夫

享有极端的自由————这是一件危险的和有害的事情。没有纪律，就既不会有平心静气的信念，也不能有服从，也不会有保护健康和预防危险的方法了。

————〔俄国〕赫尔岑

自由需要有义务的保证人，如果没有，便纯属一种任性。

————〔俄国〕屠格涅夫

优美的思想在哪里停止飞舞，迫害狂就在哪里开始。

————〔俄国〕谢德林

人类法律上、精神上的发达程度愈高，人类愈是自由，人生愈能获得莫大的满足。

————〔俄国〕契诃夫

人民的福利是根本的法律。

————〔罗马〕西塞罗

如果一个国家中人人都是至高无上的，而政府都要根据他们的意志行事的话，如果这就是所谓自由，那么这种自由仅只是放纵而已。

——〔罗马〕西塞罗

非正义常常以欺诈的形式出现，换一句话说就是通过制定极费解或欺骗性的法律来达到此目的。

——〔罗马〕西塞罗

法官的天平还是向同情方面比向严肃方面倾斜的好。

——〔西班牙〕塞万提斯

爱好自由是人的天性，但往往过度而陷入放纵。

——〔荷兰〕斯宾诺莎

自由是这样的东西，不给予别人，你自己也无法得到。

——〔澳大利亚〕怀　特

真理是我们最宝贵的东西

信奉真理的人，必受天佑。

——〔美国〕富兰克林

当你心灵感到满足，不再有所希求时，你就是找到了真理。

——〔美国〕华盛顿

每个人都希望有真理在他那一边，但并不是每个人都诚恳地愿意站在真理那一方面。

——〔美国〕爱默生

我们对真理所尽的最大尊敬是运用它。

——〔美国〕爱默生

真理不存在于丑化了的现实里。

——〔美国〕爱默生

重要的真理必须有弹性。

——〔美国〕林　肯

真理是我们最宝贵的东西，让我们省着用。

——〔美国〕马克·吐温

恶徒也认识真理，只是他见了真理害怕。

　　　　　　　——〔美国〕威尔逊

真理是无情的，但却又是可爱的，它能够使爱它的人自由。

　　　　　　　——〔美国〕桑塔亚娜

在谬误的所有形式中，预言是最不需代价的。

　　　　　　　——〔美国〕艾略特

真理易于从谬误中产生，难于从混乱中产生。

　　　　　　　——〔英国〕培　根

研究真理、认识真理和相信真理，乃是人性中最高的美德。

　　　　　　　——〔英国〕培　根

真理不需要光彩，美丽不需要画笔。

　　　　　　　——〔英国〕莎士比亚

假如为了真理和无可怀疑的证据而改变自己过去的看法，他们就应该这么做而不必害怕这种改变。如果发现谬误，即使是古人所承认的，也应该毫不吝惜地加以放弃。

　　　　　　　——〔英国〕哈　维

真理犹如黄金，并不因为是从新矿中挖出的，就不是黄金。

　　　　　　　——〔英国〕洛　克

指出一个人的错误是一回事，使他认识真理又是另一回事。

——〔英国〕洛　克

许多真理出自笑话之中。

——〔英国〕斯威夫特

由真理汲取的安慰，是坚实持久的；由错误获取的慰藉，是虚妄而即兴的。

——〔英国〕约翰生

包含着某些真理因素的谬误是最危险的。

——〔英国〕亚当·斯密

真理最少许的朋友是时间，她最大的敌人是偏见，她永恒的伴侣是谦逊。

——〔英国〕科尔顿

真理不是靠喝彩造出来的，是非不是靠投票决定的。

——〔英国〕卡莱尔

真理一定包含着至高的善，但善的事物未必包含着真理。

——〔英国〕狄更斯

历史告诫我们说，一种崭新的真理惯常的命运是：始于异端，终于迷信。

——〔英国〕赫胥黎

我能想象到的人的最高尚行为，除了传播真理外，就是公开放弃错误。

——〔英国〕利斯特

我说笑话的方法是说真理，真理是世界上最幽默奇特而难以了解的笑话。

——〔英国〕萧伯纳

许多伟大的真理开始的时候都被认为是亵渎行为。

——〔英国〕萧伯纳

真理是一台机器，一旦有人推一下就会自己转下去。

——〔英国〕高尔斯华绥

真理的蜡烛常常会烧伤那些举烛人的手。

——〔英国〕布莱希特

真理的小小钻石是多么罕见难得，但一经开采琢磨，便能经久、坚硬而明亮。

——〔英国〕贝弗里奇

研究真理可以有三个目的：当我们探索时，就要发现到真理；当我们找到时，就要证明真理；当我们审查时，就要把它同谬误区别开来。

——〔法国〕帕斯卡

目前的时代，真理是那样晦暗不明，谎言又是那样根深蒂固，以致除非我们热爱真理，否则我们便不会认识真理。

> ——〔法国〕帕斯卡

河流就是前进着的道路，它把人带到他们想要去的地方。

> ——〔法国〕帕斯卡

真理将像它自身那个样子永远存在着，因为真理绝不以人们的意志，也绝不以人们对它的议论为转移。

> ——〔法国〕梅　叶

真理是一个必须成熟以后才能摘下来的果实。
> ——〔法国〕伏尔泰

我们用人类的语言把真理定义为："对事实的存在本身的陈述。"

> ——〔法国〕伏尔泰

不管人家问什么问题都回答的人，肯定是非常无知的。

> ——〔法国〕伏尔泰

通向谬误的道路有千条，通向真理的大道只有一条。

> ——〔法国〕卢　梭

为真理不惜生命。

——〔法国〕卢　梭

谬误的好处是一时的，真理的好处是永久的；真理有弊病时，这些弊病是很快就会消灭的，而谬误的弊病则与谬误始终相随。

——〔法国〕狄德罗

愈是接近真理，便愈加发现真理的迷人。

——〔法国〕拉美特利

在我所讲的一切中，我只是探求真理，这并不是仅仅为博得说出真理的荣誉，而是因为真理于人有益。

——〔法国〕爱尔维修

担心可能犯错误不应当使我们不去追求真理。

——〔法国〕爱尔维修

当一个人的一切行为都以公益为目标的时候，就是正义的。

——〔法国〕爱尔维修

当你看到不可理解的现象感到迷惑时，真理可能已经披着面纱悄悄地站在你的面前。

——〔法国〕巴尔扎克

真理是粮食，有如稻麦。

——〔法国〕雨　果

尽可能少犯错误，这是人的准则；不犯错误，那是天使的梦想。

——〔法国〕雨　果

热爱生活，追求真理，不要以为自己年轻而盲目乐观。

——〔法国〕左　拉

如果你禁锢了真理，将它埋没地下，它将不断生长，并且积聚成爆炸的力量，至爆炸的那一天，将要翻起一切阻碍它的东西。

——〔法国〕左　拉

即使通过自己的努力知道一半真理，也比人云亦云地知道全部真理还要好些。

——〔法国〕罗曼·罗兰

别相信你自己的真理可以由另一个人给你找来，尤其你应该以此为一种耻辱。如果我给你把粮食取来，你不会感到饥饿；如果我给你把床铺就，你不会再有睡意。

——〔法国〕纪　德

人的价值并不取决于是否掌握真理或者自认为真理在握，决定人的价值的是追求真理的孜孜不倦的精神。

——〔德国〕莱　辛

对真理的追求要比对真理的占有更为可贵。

——〔德国〕莱　辛

为寻找真理的努力所付出的代价，总比不担风险地占有它要高昂得多。

——〔德国〕莱　辛

真理并非总是必须具有一个明确的外形，只要它像我们四周轻轻飞翔并带来和谐的精灵，只要它像庄严而亲切的绕梁之钟声，那也就够了。

——〔德国〕歌　德

那些反对理性的真理的人不过是在那里拨火，结果是弄得余烬乱飞，把原来不曾触到火的东西都给烧掉了。

——〔德国〕歌　德

真理要我们承认自己是有局限性的，而谬误则奉承我们，要我们相信在某些方面我们是万能的。

——〔德国〕歌　德

真理是一支火炬，而且是一支极大的火炬。所以当我们怀着生怕被它烧着的恐惧心情企图从它旁边走过去的时候，连眼睛也难以睁开。

——〔德国〕歌　德

错误同真理的关系，就像睡梦同清醒的关系一样。一个人从错误中醒来，就会以新的力量走向真理。

——〔德国〕歌 德

谬误不断地在行动中重复，而我们在口头上不倦地重复的却是真理。

——〔德国〕歌 德

发觉谬误比寻求真理容易，因为前者浮于表面容易见到，而后者则藏于深处。

——〔德国〕歌 德

真理常常藏在事物的深底。

——〔德国〕席 勒

真理绝不会因为有人不承认它而感到苦恼。

——〔德国〕席 勒

如果真理得到信任是这么难，那谎话就一定是这里通行的货币了。

——〔德国〕席 勒

即使为了国王的宝座，也永远不要欺骗、违背真理。

——〔德国〕贝多芬

真理存于智慧的人，美存于能感动的力，它们所属相同，相互补足。

——〔德国〕贝多芬

不论将来人们怎么说我，我在每一件事情上都一丝不苟地固守真理，不违背事实，不管谁会因此而受到伤害，即使伤害我也不例外，这是我诚挚的愿望。

——〔德国〕贝多芬

真理诚然是一个崇高的字眼，然而更是一桩崇高的业绩。如果人的心灵与情感依然健康，则其心潮必将为之激荡不已。

——〔德国〕黑格尔

真理是在漫长的发展着的认识过程中被掌握的，在这每一过程中，每一步都是它前一步的直接继续。

——〔德国〕黑格尔

最好是把真理比作燧石——它受到的敲打越厉害，发射出的光辉就越灿烂。

——〔德国〕马克思

探索真理比占有真理更为可贵。

——〔德国〕爱因斯坦

追求客观真理和知识是人的最高和永恒的目标。

——〔德国〕爱因斯坦

客观地衡量，一个人在寻求真理的激烈斗争中所能取得的东西实在是微乎其微的。但这场斗争使我们打破了对自身的束缚，并使我们同世界上最优秀、最伟大的人结成同志。

——〔德国〕爱因斯坦

我要做的只是以我微薄的力量为真理和正义服务，即使不为人喜欢也在所不惜。

——〔德国〕爱因斯坦

在小事上对真理持轻率态度的人，在大事上也是不足信任的。

——〔德国〕爱因斯坦

对于一个为了发现一丁点儿真理而奋斗终生的人来说，如果他能亲眼看到别人真正理解并喜欢他的工作，那他就得到了最美好的报偿。

——〔德国〕爱因斯坦

还是有不少人，他们不追求那些物质的东西，他们追求理想和真理，得到了内心的自由和安宁。

——〔德国〕爱因斯坦

世界上最快乐的事，就是为真理而奋斗。

——〔希腊〕苏格拉底

尊重人不应胜于尊重真理。

——〔希腊〕柏拉图

真理可能在少数人一边。

——〔希腊〕柏拉图

最初偏离真理毫厘，到头来就会谬之千里。

——〔希腊〕亚里士多德

要给真理下一个满意的论断，必定会比一个党派给一场争论下一个满意的判断更像一位专断者。

——〔希腊〕亚里士多德

没有一个人能全面把握真理。

——〔希腊〕亚里士多德

热爱真理的人在没有危险的时候爱着真理，在危险的时候更爱真理。

——〔希腊〕亚里士多德

时间愈久，真理的价值愈显。

——〔希腊〕阿里斯托芬

自然给我们心灵注入了永无休止的发现真理的欲望。

——〔罗马〕西塞罗

智力绝不会在已经认识的真理上停滞不前，而始终会不断前进，走向尚未被认识的真理。

——〔意大利〕布鲁诺

真理是时间的女儿。

——〔意大利〕达·芬奇

一切智慧都建筑在真理上面。

——〔意大利〕但　丁

真理就是具备这样的力量，你越是想要攻击它，你的攻击就越是充实和证明了它。

——〔意大利〕伽利略

真理比人更高大，因此它不应害怕人。

——〔俄国〕别林斯基

对真理的错误理解，不会毁灭真理本身。

——〔俄国〕别林斯基

土地是以它的肥沃和收获而被估价的。才能也是土地，不过它生产的不是粮食，而是真理。如果只能滋生冥想和幻想的话，即使再大的才能也只是沙地或盐池，那上面连小草也长不出来。

——〔俄国〕别林斯基

真理只可能对于目光短浅的个别人才显得是狰狞可怖的，本身却是永恒的美和永恒的幸福。

——〔俄国〕别林斯基

真理是不再会为了虚伪的羞耻而披上帷幔的，它晓得自己赤裸中的力量和光荣。

——〔俄国〕赫尔岑

尊重真理就是聪明睿智的开端。

——〔俄国〕赫尔岑

一切都会过去，只有真理留着。

——〔俄国〕列夫·托尔斯泰

理想是指路明灯。没有理想，就没有坚定的方向；没有方向，就没有生活。

——〔俄国〕列夫·托尔斯泰

认识真理的主要障碍不是谬误，而是似是而非的真理。

——〔俄国〕列夫·托尔斯泰

用语言表达出来的真理，是人们生活中的巨大力量。

——〔俄国〕列夫·托尔斯泰

真正的、唯一的、大家必须遵守的真理出现了，世界也就大放光明了。

——〔俄国〕谢德林

谁也不能将阳光装进自己的口袋，谁也不能将真理霸占。

——〔俄国〕普列汉诺夫

人生的快乐和幸福不在金钱，不在爱情，而在真理。

——〔俄国〕契诃夫

真理即使混杂在一堆谎话里也会显现，像油浮在水上一样。

——〔西班牙〕塞万提斯

历史孕育了真理，它能和时间抗衡，把遗闻旧事保藏下来。它是往古的迹象、当代的鉴戒、后世的教训。

——〔西班牙〕塞万提斯

真理只可琢磨，不可废弃。

——〔西班牙〕塞万提斯

最简单的解释并不总是正确的解释。真理通常是并不简单的东西。

——〔奥地利〕弗洛伊德

我认为正义是属于那些跟未来结合得最紧密的人们的。

——〔挪威〕易卜生

错误经不起失败，但是真理不怕失败。

——〔印度〕泰戈尔

人生虽只有几十春秋，但它绝不是梦一般的幻灭，而是有着无穷可歌可泣的深长意义的：坚持真理，生命便会得到永生。

——〔印度〕泰戈尔

如果你把所有的错误都关在门外，真理也要被关

· 41 ·

在外面了。

——〔印度〕泰戈尔

正如同光既暴露了自己，又暴露了周围的黑暗一样，真理既是自身的标准，又是虚假的标准。

——〔荷兰〕斯宾诺莎

我们往往对那些伟大的真理不加否认，但又不十分相信。

——〔马其顿〕亚历山大

追求科学需要特殊的勇敢

惊奇就是科学的种子。

——〔美国〕爱迪生

科学的每一项巨大成就，都是以大胆的幻想为出发点的。

——〔美国〕杜　威

科学有点儿像你呼吸的空气——它无处不在。

——〔美国〕艾森豪威尔

科学赐予人类的最大礼物是使人类相信真理的力量。

——〔美国〕康普顿

一旦科学插上幻想的翅膀，它就能赢得胜利。

——〔英国〕法拉第

我的错误给我一个好教训，那就是，绝不要相信在科学上有排他的定律。

——〔英国〕达尔文

在科学工作中，不愿意越过事实前进一步的人，很少能理解事实。

————〔英国〕赫胥黎

科学始终是不公道的。如果它不提出十个问题，也就永远不能解决一个问题。

————〔英国〕萧伯纳

如何辨别有希望的线索，是研究艺术的精华所在。具有独立思考能力，并能按其本身的价值而不是根据主宰当时的观念去判断佐证的科学家，最有可能认识某种确属新东西的潜在意义。

————〔英国〕贝弗里奇

你要知道科学方法的实质，不要去听一个科学家对你说些什么，而要仔细看他在做些什么。

————〔德国〕爱因斯坦

在科学上最好的助手是自己的头脑，而不是别的东西。

————〔法国〕法布尔

科学，是国家的最高人格化。

————〔法国〕巴斯德

生命的第一个行动是创造的行动。

————〔法国〕罗曼·罗兰

科学的探讨和研究，其本身就含有至美，其本身给人的愉快就是报酬，所以我在我的工作里寻得了快乐。

——〔法国〕居里夫人

人类看不见的世界，并不是空想的幻影，而是被科学的光辉照射的实际存在。尊贵的是科学的力量。

——〔法国〕居里夫人

科学总有一天会走在幻想的前头。

——〔法国〕凡尔纳

我把科学的广阔园地，看作是一个广大的原野，其中散布着一些黑暗的地方和一些光明的地方。我们的工作的目的，应该是扩大光明地方的界线，或者在原野中增加光亮的中心。

——〔法国〕狄德罗

科学与艺术是属于整个世界的，它们没有国界。

——〔德国〕歌　德

科学家一旦做出成绩，就应该忘记自己所做的事情，而经常去考虑他应该做的事情。

——〔德国〕费希特

科学绝不是一种自私自利的享受。有幸能够致力于科学研究的人，首先应该拿自己的学识为人民服务。

——〔德国〕马克思

一个人在科学探索的道路上走过弯路、犯过错误并不是坏事，更不是什么耻辱，要在实践中勇于承认和改正错误。

—— 〔德国〕爱因斯坦

科学家必须在庞杂的经验事实中抓住某些可用精密公式来表示的普遍特征，由此探求自然界的普遍原理。

—— 〔德国〕爱因斯坦

科学绝不是也永远不会是一本写完了的书。每一项重大成就都会带来新的问题。任何一个发展随着时间的推移都会出现新的严重的困难。

—— 〔德国〕爱因斯坦

科学研究能破除迷信，因为它鼓励人们根据因果关系来思考和观察事物。

—— 〔德国〕爱因斯坦

科学是永无止境的，它是一个永恒之谜。

—— 〔德国〕爱因斯坦

科学的界限就像地平线一样：你越接近它，它挪得越远。

—— 〔德国〕布莱希特

在科学上进步而道义上落后的人，不是前进，而是后退。

—— 〔希腊〕亚里士多德

真理只有一个，它不在宗教中，而是在科学中。

——〔意大利〕达·芬奇

科学是使人精神变得勇敢的最好途径。

——〔意大利〕布鲁诺

当科学家们被权势吓倒，科学就会变成一个软骨病人。

——〔意大利〕伽利略

科学的真理不应在古代圣人的蒙着灰尘的书上去找，而应该在实验中和以实验为基础的理论中去找。真正的哲学是写在那本经常在我们眼前打开着的最伟大的书里面的，这本书就是宇宙，就是自然本身，人们必须去读它。

——〔意大利〕伽利略

科学的唯一目的是减轻人类生存的苦难，科学家应为大多数人着想。

——〔意大利〕伽利略

追求科学需要特殊的勇敢。

——〔意大利〕伽利略

科学家不创造任何东西，而是揭示自然界中现成的、隐藏着的真实，艺术家创造真实的类似物。

——〔俄国〕冈察洛夫

科学要求一切人不是别有用心地而是心甘情愿地

献出一切，以便领受冷静的知识的沉甸甸的十字勋章这个奖赏。

——〔俄国〕赫尔岑

科学是到处为家的。不过，任何不播种的地方，它是不会使其丰收的。

——〔俄国〕赫尔岑

科学绝不能不劳而获，除了汗流满面以外，没有其他获得的方法。热情、幻想、以整个身心去渴望，都不能代替劳动，世界上没有一种"轻易的科学"。

——〔俄国〕赫尔岑

科学给青年以营养，给老人以慰藉；它让幸福的生活锦上添花，它在你不幸的时刻保护着你。

——〔俄国〕罗蒙诺索夫

没有疑问，哲学与科学在许多方面是互相促进的。

——〔俄国〕罗蒙诺索夫

攻克科学堡垒，就像打仗一样，总会有人牺牲，有人受伤，我要为科学而献身。

——〔俄国〕罗蒙诺索夫

科学要求每个人有极紧张的工作和伟大的热情。

——〔俄国〕巴甫洛夫

你们在想要攀登到科学顶峰之前，务必把科学的初步知识研究透彻。还没有充分领会前面的东西时，就绝不要动手搞往后的事情。

——〔俄国〕巴甫洛夫

诗人的创造，哲学家的辩证，探险家的技艺——这就是组成一个伟大的科学家的材料。

——〔俄国〕季米里亚捷夫

科学是人生中最重要、最美好和最需要的东西。

——〔俄国〕契诃夫

人是自己志向的创造者。只有依靠劳动才能走上通往智慧、创作和科学的道路。

——〔苏联〕苏霍姆林斯基

单调的攀登动作会感到厌倦，但每一步都是接近顶峰。

——〔苏联〕苏霍姆林斯基

只要是科学，都不会骗人，受骗者正是不懂科学的人。

——〔西班牙〕塞万提斯

学术昌明的国家，没有不强盛的；反之，学术幼稚和智慧蒙昧的民族，没有不贫弱的。

——蔡元培

科学成就是由一点一滴积累起来的，唯有长期的积聚才能由点滴汇成大海。

——华罗庚

科学尊重事实，不能胡乱编造理由来附会一部学说。

——李四光

真正的科学精神，是要从正确的批评和自我批评发展出来的。真正的科学成果，是要经得起事实考验的。有了这样双重的保障，我们就可以放心大胆地去做，不会自掘妄自尊大的陷阱。

——李四光

文明带来和谐

我们认为我们的文化已接近正午，其实它仍在闪耀着晨星的黎明时分呢。

——〔美国〕爱默生

文明是什么？我要回答那是伟大女性的力量。

——〔美国〕爱默生

机械使人废物化。

——〔美国〕爱默生

习惯是文明的飞轮。

——〔美国〕詹姆斯

礼貌像只气垫：里面可能什么也没有，但是能奇妙地减少颠簸。

——〔英国〕约翰生

要是您想达到您的目的地，您得用温和一点的态度向人家问话。

——〔英国〕莎士比亚

礼貌是儿童与青年所应该特别小心地养成习惯的

第一件大事。

——〔英国〕洛　克

文明国之刑，不在惩恶，而在劝善。

——〔英国〕孟德斯鸠

崇尚时髦的人，与其说获得了快乐，不如说装作快乐。他们甚至牺牲了快乐以求炫耀，抛弃享受以求虚饰。

——〔英国〕科尔顿

时髦的玩意儿，只要表面的光彩一脱，就无价值可言。

——〔英国〕莫里斯

所谓教养，是认识世俗所指的、所想的那些最佳的东西。

——〔英国〕阿诺德

机械因为美观才受到崇拜，因为能提供动力才具备价值，因为恐怖才受到憎恨，因为被强迫奴役才遭受厌恶。

——〔英国〕罗　素

没有伴随力量的文化，到明天将会变成死灭的文化。

——〔英国〕丘吉尔

由于人类的文明是建筑在其胆怯、卑劣和屈服之上，因此，人称此为自己的尊严。

——〔英国〕萧伯纳

赞扬近代文明的人，大致来说，不外是把蒸汽或电话认为是文明的那一种人。

——〔英国〕萧伯纳

一切借进步完善的事物，会因进步而再被毁掉。

——〔法国〕帕斯卡

感谢固是必须付出的义务，但是人人都无权期待的义务。

——〔法国〕卢　梭

怀着善意的人是不难于表达他对人的礼貌的。

——〔法国〕卢　梭

亲善产生幸福，文明带来和谐。

——〔法国〕雨　果

人，大凡文明愈进步，愈会成为演员。也就是说，人往往佯装对他人尊敬、友善、典雅与无私的样子，但是没有人会因此而受骗。

——〔德国〕康　德

一个人的礼貌就是一面照出他的肖像的镜子。

——〔德国〕歌　德

礼貌是聪明的事，无礼是愚蠢的事。若因非必要或任性的无礼以致树敌，犹如在自己的家纵火一样。

——〔德国〕叔本华

文化上的伟大时期，从道德上来说，通常都是腐败的时代……而将人类像家畜般驯化的时期，对最具精神性、最具大胆本性的人来说，无疑是最难以忍受的时代。

——〔德国〕尼　采

风度虽然不是钻石，但却是女人的最佳装饰品。

——〔希腊〕米南德

外表的文明要同内心的文明一致，外表的整洁和文雅应当是内心纯洁和美丽的表现。

——〔俄国〕别林斯基

生活里最重要的是有礼貌，它比最高智慧、比一切学识都重要。

——〔俄国〕赫尔岑

真正的文明人，是指在人生方面知晓自己使命的人。

——〔俄国〕列夫·托尔斯泰

知识是珍贵宝石的结晶，文化是宝石放出的光泽。

——〔印度〕泰戈尔

艺术使自然更完美

仅是天才不能成为作家，因为书的背后极需要作家的人格。

——〔美国〕爱默生

艺术最深刻的美质都是植根在祖国文化的故土里。

——〔美国〕爱默生

所有国家的伟大诗人，并不是国家性的，而是世界性的。

——〔美国〕朗费罗

人的艺术能够将人类的平庸生活提升，将世界变形，使其在明亮的圆圈里浮动。

——〔美国〕朗费罗

文学是一种导人向善的工具。

——〔美国〕朗费罗

艺术本身就是意象，一个艺术工作者不只是素描、绘画或雕刻而已，他一定要有思想。

——〔美国〕戈登·伍德

大众才是最能吐露可贵意见的批评家。

——〔美国〕马克·吐温

文学是思想经由想象、感情及趣味的书面表现。

——〔美国〕海明威

一个画家对于自己也觉得不满的作品，如果只因世人的称赞便感到满足，就不是一个艺术家，而是一个工匠。因为虽然博得赞赏，他的报酬只是属于一个机械匠的性质。

——〔美国〕奥尔斯顿

不能理解的人也不能欣赏。

——〔英国〕莎士比亚

如果没有人欣赏，乌鸦的歌声也就和云雀一样。

——〔英国〕莎士比亚

充实的思想不在于言语的富丽。

——〔英国〕莎士比亚

仅次于音乐，诗是我们所能感受到的最精致的精神食粮。

——〔英国〕雪　莱

一首伟大的诗篇像一座喷泉一样，总是喷出智慧和欢愉的火花。

——〔英国〕雪　莱

诗是想象的熔岩，必须让熔岩喷吐出来，火山才能免于爆发。

——〔英国〕拜　伦

如果没有艺术，现实的粗陋将会使这个世界不堪忍受。

——〔英国〕萧伯纳

搜集欲往往能将人养成一个有系统的博物家或艺术鉴赏家。

——〔英国〕达尔文

艺术的敌人就是不学无术。

——〔英国〕约翰生

如果诗之写成不能像树叶发芽那样自然，倒不如不写为妙。

——〔英国〕济　慈

一部小说的目的是应该寓道德教育于趣味之中。

——〔英国〕特罗洛普

仅仅对自然做种种临摹，并不会创造出什么伟大的艺术作品。

——〔英国〕兰　姆

色彩能够说出所有的语言。

——〔英国〕阿狄生

屋中有画，等于悬挂了一个思想。

——〔英国〕雷诺兹

艺术使自然更完美。

——〔英国〕雷诺兹

言语，是诗里面催人欲睡的部分，想象才是诗的生命。

——〔英国〕费尔赞

诗，是一切艺术的长女，大部分艺术的父母。

——〔英国〕康古里夫

文学的体裁就是思想的风格。

——〔英国〕柴斯特菲尔德

诗人是以一个人的身份向人们讲话，他是一个人，比一般人具有更敏锐的感受性，具有更多的热忱和温情，他更了解人的本性，而且有着更加开阔的灵魂。

——〔英国〕华兹华斯

艺术作品的价值决定于它所表现的情绪的高度。

——〔英国〕罗斯金

艺术与科学的价值，在于对万众的利益做全无私欲的奉献与服务。

——〔英国〕罗斯金

艺术应当担负起哺育思想的责任。

——〔英国〕白朗宁

一个人的作品，不论是文学、音乐、图画、建筑或任何其他东西，往往就是他自己的肖像，他越想隐藏自己，越会把自己的性格更为清楚地显现其中。

——〔英国〕巴特勒

大谈自己作品的作家，正如大谈自己孩子的母亲。这种事还是少谈为佳。

——〔英国〕迪斯累里

不论多杰出的艺术家，一旦和真实断绝关系，不是趋于死亡，就是完全陷于疯狂。

——〔英国〕卡莱尔

艺术创作是非凡气质的非凡产物。

——〔英国〕王尔德

艺术有独立的生命，正和思想有独立的生命一样，而且完全按照艺术自己的种种路线向前发展。

　　　　　　　　　　——〔英国〕王尔德

　　艺术家是美好事物的创造者。表现艺术而隐埋作者是艺术的目的。

　　　　　　　　　　——〔英国〕王尔德

　　一件完美的物品不会给艺术家灵感，因为它缺乏缺陷美。

　　　　　　　　　　——〔英国〕王尔德

　　如果艺术放弃了它的富于想象力的媒介，那么艺术也就放弃了一切。

　　　　　　　　　　——〔英国〕王尔德

　　作家没有必要吃下一整只羊后才说出羊肉的滋味，他只要尝一小片便够了。

　　　　　　　　　　——〔英国〕毛　姆

　　好的文体应该没有任何斧凿的痕迹。所写的东西，应该看起来像是一个幸运的偶然成就。

　　　　　　　　　　——〔英国〕毛　姆

　　为艺术而艺术，不会比为喝酒而喝酒更有意义。

　　　　　　　　　　——〔英国〕毛　姆

　　艺术如果被视为人生当中的一种有价值的东西，

它便须教人们谦逊、容忍、智慧和宽宏大量。艺术的价值不是美，而是正当的行为。

——〔英国〕毛　姆

文化的价值在于它对人类品性的影响。除非文化能使品性变为高尚，并加强品性，否则它便毫无效用。它的用处在于裨益人生。它的目标不是美，而是善。

——〔英国〕毛　姆

文学是人类在人生中所见到、经验到、想到和感觉到的生活记录；它给予全人类最直接、最永久的兴趣。因此，文学基本上就是借文字为媒介的人生的表现。

——〔英国〕毛　姆

音乐是伤心人的妙药。

——〔英国〕亨　特

在一生中连一次诗人也未做过的人是悲哀的。

——〔法国〕拉马丁

艺术的大道上荆棘丛生……常人都望而却步，只有意志坚强者例外。

——〔法国〕雨　果

每个伟大的艺术家都按照自己的意念铸造艺术。

——〔法国〕雨　果

艺术的目的差不多是神圣的，如果它写作历史，就是起死回生；如果它写作诗歌，就是创作。

——〔法国〕雨　果

还有什么艺术比那种会使我们变成恶人的帮凶的艺术更为有害？

——〔法国〕狄德罗

任何文学，要不把完善道德、理想和有益作为目的，都是病态的、不健康的文学。

——〔法国〕小仲马

只有深刻地研究了人以后，才能创造出人物。

——〔法国〕小仲马

作家是钉住在他的社会环境上的；无论他怎么搞，他不能从周围的世界中逃出去，也不能和周围的世界隔绝；不能不受周围世界的影响，不知不觉，不由自主；不论回溯过往或冲向未来，采取这个或那个方向，他不会比他那时代的条件所容许他的范围走得更远。

——〔法国〕拉法格

无论何时何地，辞章都应该有说服力，愁苦都应该能感动人，愤怒都应该是暴躁的，智慧都应该是平静的。

——〔法国〕伏尔泰

好奇心造就科学家和诗人。

——〔法国〕法朗士

要将文字操纵自如，使它说着一切，甚至说着它所不能表现的事情，使它充满未尽之意，充满秘密的、不曾表明的企图。

——〔法国〕莫泊桑

艺术不在于检查存在的现实，而是在于追求理想的真实。

——〔法国〕乔治·桑

艺术应当寻求真理，真理不是描写罪恶。

——〔法国〕乔治·桑

所谓写得好，就是同时又想得好，又感觉得好，又表达得好；同时又有智慧，又有心灵，又有审美力。

——〔法国〕布　封

文学像炉中的火一样，我们从人家借得火来，把自己点燃，而后再传给别人，以至为大家所共有。

——〔法国〕福楼拜

对你所要表现的东西，要长时间很注意去观察它，以便能发现别人没有发现过和没有写过的特点。任何事物里，都有未曾被发现的东西，因为人们观察事物的时候，只习惯于回忆前人对它的想法。最细微的事物里也会有一星半点未被认识过的东西，让我们去发掘它。

——〔法国〕福楼拜

一个真正的艺术家不能是坏人。他首先是一个观察者，而观察的第一个特质，就是要有一双好眼睛。如果一种坏的习惯——一种私人利害迷乱了眼睛，事物就看不清楚了，只有一颗严正的心，才能大量产生才情。

——〔法国〕福楼拜

一个人一旦作为艺术家而立身，他就没有像别人那样生活的权利了。

——〔法国〕福楼拜

艺术的使命，不是模仿自然而是表现自然。

——〔法国〕巴尔扎克

拿破仑用剑所做不到的事情，我用笔来做到它。

——〔法国〕巴尔扎克

一个人要伟大，不能不付代价。天才的作品是用眼泪灌溉的。

——〔法国〕巴尔扎克

风格就是人品。

——〔法国〕巴尔扎克

不息的劳作，是人生的胜利，也是艺术的法则。

——〔法国〕巴尔扎克

文学是事实与灵魂相契合后的再现。

——〔法国〕巴尔扎克

文学的真实在于选取事实与性格，并且把它们这样描绘出来，使每个人看了以后，都认为是真实的。

——〔法国〕巴尔扎克

艺术家的使命就是把生命灌注到所塑造的这个人体里去，把描绘变成真实。

——〔法国〕巴尔扎克

光是熟透修辞学和不犯语法错误，是不能成为一个伟大的诗人的。

——〔法国〕巴尔扎克

文学的真实不会是自然的真实。

——〔法国〕巴尔扎克

假如艺术不能和真理并存，那就让艺术去毁灭吧！真理是生，谎言是死。

——〔法国〕罗曼·罗兰

最高的艺术，名副其实的艺术，绝不受一朝一夕的规则限制，它是一颗向无垠的太空飞射出去的彗星。

——〔法国〕罗曼·罗兰

真正的艺术家绝不顾虑作品的前途。

——〔法国〕罗曼·罗兰

艺术是一种享受，一切享受中最迷人的享受。

——〔法国〕罗曼·罗兰

为着人间最美、最高尚的艺术，为着安慰苍生、为人类增光的艺术而吃苦是值得的。

——〔法国〕罗曼·罗兰

艺术的伟大意义，基本上在于它能显示人的真正感情、内心生活的奥秘和热情的世界。

——〔法国〕罗曼·罗兰

艺术是发扬生命的，死神所在的地方就没有艺术。

——〔法国〕罗曼·罗兰

艺术是被征服的人生，艺术是生命的帝王。

——〔法国〕罗曼·罗兰

我向来就是为着前进的人们写作的。我自己也一直在前进。我非常希望永不停步，直到死亡。如果生命静止不动，那是一文不值的——不用说，所谓动，就是指勇往直前。

——〔法国〕罗曼·罗兰

绝不能满足于那皮相的、混乱的、表面运动的描写，要深入到灵魂里去，深入到集体的灵魂里去。

——〔法国〕罗曼·罗兰

真正的艺术家总是冒着危险去推倒一切既存的偏见，而表现他自己所想到的东西。

——〔法国〕罗　丹

艺术是要锻炼人自己了解世界并使别人了解世界。

——〔法国〕罗　丹

所谓艺术就是反映在人间的大自然，所以最要紧的事情就是擦镜子。

——〔法国〕罗　丹

对登堂入室的艺术家来说，自然的一切，无一不美。他的双眼大胆地感受表象内的真实，有如开卷读书那样，轻易地看出自然内部的一切真实。

——〔法国〕罗　丹

名人言

拙劣的艺术家永远戴着别人的眼镜。

——〔法国〕罗　丹

雕刻无须独创，它需要的是生命。

——〔法国〕罗　丹

雕刻是怎样的呢？你拿起斧头来，大刀阔斧，把不要的东西统统砍去就是了。

——〔法国〕罗　丹

诗是寄寓于文字中的音乐，而音乐则是声韵中的诗。

——〔法国〕福　莱

假如要想感动他人，必须先感动自己，否则不论如何杰出的作品，也绝对没有生命感。

——〔法国〕米　勒

艺术不是消遣性的娱乐，它是一种战斗，一种足以轧碎事物的齿轮造成的机械。

——〔法国〕米　勒

所谓艺术乃是战斗，为了艺术要不辞一切劳苦，要像黑奴那样努力工作。

——〔法国〕米　勒

绘画艺术是人们用以表达自己思想的工具，它和语言的功用相同。

——〔法国〕米　勒

我们所喜爱的作品，是指那一幅画是从自然中诞生。除此之外，一切作品都是装模作样、空虚无实的。

——〔法国〕米　勒

文学的真正的使命就是使感情成为可见的东西。

——〔法国〕泰　纳

没有任何东西可以代替真实感和个性表现。如果作家缺少这两种特质，那么与其写小说还不如去卖蜡烛。

——〔法国〕左　拉

所谓独特的作家，不是指他从不模仿，而是指谁也模仿不了他。

——〔法国〕萨特普里安

所谓千古不朽的艺术作品，特点就在不论时尚怎么改变，它总是有办法满足任何时尚中的任何人。

——〔法国〕纪　德

画，不是为观看而有，而是为共生而有。

——〔法国〕雷诺阿

一幅画之所以扣人心弦，是由于画家所捕捉的题材经过心灵的消融整理之后，在画面上形成一种和谐、愉快的气氛使然。

——〔法国〕波纳鲁

小说从来都是形象的哲学。

——〔法国〕加　缪

优良的金言和警句，不管任何时代，都和食物一样具有滋养，而且能活上几世纪。

——〔德国〕尼　采

文学的退步可以表明一个国家的衰落，这两者在走下坡路时是齐头并进的。

——〔德国〕歌　德

文学是经由语句组织起来，而成为一种扣动人类心弦和生命息息相关的东西。

——〔德国〕歌　德

取材不在远，只消在充实的人生之中。

——〔德国〕歌　德

把手伸入人类生活的深处吧！人人都在生活，但是只有少数人熟悉生活，只要你能抓住它，它就会饶有趣味。

——〔德国〕歌　德

幻想是诗人的翅膀，假设是科学家的天梯。

——〔德国〕歌　德

有想象力而没有鉴别力是世界上最可怕的事。

——〔德国〕歌　德

一件完美的艺术作品是人类灵魂的作品。

——〔德国〕歌　德

已完成的自然奇观和艺术品都不易被人认识，必须钻研其孕育过程，才能理解它们。

——〔德国〕歌　德

艺术家对于自然有着双重的关系：他既是自然的主宰，又是自然的奴隶。

——〔德国〕歌　德

显出特征的艺术才是唯一真实的艺术。

——〔德国〕歌　德

除了艺术之外，没有更妥善的逃世之方；而要与世界联系，也没有一种方法比艺术更好。

——〔德国〕歌　德

真正懂艺术的人，都知道什么是美，而一般人只满足于一些浮华的色彩。

——〔德国〕歌　德

韵律有一种魔力，它甚至会使我们相信我们有最崇高的感情。

——〔德国〕歌　德

艺术家对于自然的个别部分当然要忠实并且虔诚地模仿；他不应该任意改动一个动物的骨骼构造和筋肉部位，以致丧失那个动物的特性，这样做就会毁坏自然。但是在使一幅画真正成为一幅画的艺术过程那种较高的境界里，艺术家就有一种较自由的心灵妙用，他就应该借助于虚构。

——〔德国〕歌　德

对立有时能比相似更好地说明问题。

——〔德国〕歌　德

优秀的作品无论你怎样去探测它，都是探不到底的。

——〔德国〕歌　德

在真正的艺术领域里，没有预备学校，但是有一个最好的预备方法，就是对于艺术大家的作品抱一种最虚心的学徒的兴趣。这样碾颜料的人常常会成为优秀的画家。

——〔德国〕歌　德

莎士比亚把金苹果放在银盘上送给我们。我们研究他的作品，的确也得到了银盘，但是我们只把马铃薯放在这盘上，这就是糟糕之点。

——〔德国〕歌　德

要是只能表达自己那一点点主观感情，他是不配称为诗人的；只有当他能驾驭世界和表达世界的时候，他才是个诗人。那么，他就是永不衰竭的。

——〔德国〕歌　德

诗，一定是杰作，再不就是绝无存在价值的东西。

——〔德国〕歌　德

异端是生活的诗歌，因此有异端思想是无伤于一个诗人的。

——〔德国〕歌　德

如果你想得到艺术的享受，那你就必须是一个有艺术修养的人。

——〔德国〕马克思

倾向性应当从场面和情节中自然而然地流露出来，而不应当特别地把它指点出来。

——〔德国〕恩格斯

现实主义的意思是，除细节的真实外，还要真实地再现典型环境中的典型人物。

——〔德国〕恩格斯

简单而意味深长的句子易为人理解，深印在意识中，变成口号。

——〔德国〕恩格斯

真正的创造就是艺术想象的活动。

——〔德国〕黑格尔

尽管最大的天才朝朝暮暮躺在青草地上，让微风吹来，眼望着天空，温柔的灵感也始终不光顾他。

——〔德国〕黑格尔

艺术与所有的权力一样，也有必须严守的礼节。即使是对艺术没有透彻了解的人，也要根据那些礼节，以十足的敬意表示他的顾忌。

——〔德国〕李斯特

在一切大作家的作品里，根本无所谓配角；每一个人物在他的地位上都是主角。

——〔德国〕海　涅

话语尽，音乐始。

——〔德国〕海　涅

音乐，有人将它比作花朵，因为它铺满在人生的道路上，散发出不绝的芬芳，把生活装饰得更美。

——〔德国〕贝多芬

音乐是苦恼的控诉处，同时也是苦恼的避难所。

——〔德国〕贝多芬

当我作曲时，总是心里描着一幅图画，顺着那个轮廓前行。

——〔德国〕贝多芬

谁是诗人，谁就得前进，千辛万苦地和人民在一起！假如心头只能歌唱着自己的悲哀和欢笑，那么世界并不需要你，不如把你的琴一起摔掉。

——〔德国〕贝多芬

音乐应从男人心中烧出火来，从女人眼中带出泪来。

——〔德国〕贝多芬

音乐应当使人类的精神爆发出火花。

——〔德国〕贝多芬

领悟音乐的人，能从一切世俗的烦恼中超脱出来。

——〔德国〕贝多芬

伟大的诗，是国家最珍贵的宝石。

——〔德国〕贝多芬

自由与进步是艺术的目标，如在整个人生中一样。

——〔德国〕贝多芬

我们所能经历的最美好的事情是神秘，它是所有真正的艺术和科学的源泉。

——〔德国〕爱因斯坦

莫扎特从不为永恒作曲，但是正因为这个理由，所以他的许多作品均是永恒的。

——〔德国〕爱因斯坦

如果我们欣赏一幅绘画，因此忘掉了艺术家，艺术家一定认为这是对他的最高赞美。

——〔德国〕席　勒

一般人都说大众使艺术的水准大降，这真是岂有此理。事实是：艺术家使大众的水准大降。任何艺术堕落的时代，都是由艺术家一手造成。

——〔德国〕席　勒

真正的悲剧诗人，同时也是真正的喜剧作家。

——〔希腊〕苏格拉底

没有一种心灵的火焰，没有一种疯狂式的灵感，就不能成为大诗人。

——〔希腊〕德谟克利特

诗人的愿望应该是给人益处和乐趣，他写的东西应该给人以快感，同时对生活有帮助。

——〔罗马〕贺拉斯

艺术是比经验更具有高尚形态的知识。

——〔希腊〕亚里士多德

有人问：写一首好诗，是靠天才呢，还是靠艺术？我的看法是：苦学而没有丰富的天才，有天才而没有训练，都归无用；两者应该相互为用，相互结合。

——〔希腊〕亚里士多德

一篇文章的思想和文辞是相互依存的……就真正的意义来说，美的文辞就是思想的光辉。

——〔罗马〕朗吉纳斯

艺术到了极致就隐藏了艺术。

——〔罗马〕昆提连

画画用的是脑筋，而不是双手。

——〔意大利〕米开朗基罗

杰出的艺术家怀有的任何心思，都有本事透过一块大理石表现无遗。

——〔意大利〕米开朗基罗

绘画愈像雕刻，映在我眼里就愈觉得它是出色的作品；雕刻愈像绘画，我就愈觉得它是拙劣的作品。雕刻是绘画的火把，它们就如太阳与月亮的光，有天壤之别。

——〔意大利〕米开朗基罗

杰出的画，只不过是对完美的自然所做的一小部分模仿，是自然画笔中的一小部分影子而已。

——〔意大利〕米开朗基罗

自然绝不逊于艺术，艺术的工作无不都是模仿了自然的各种现象。

——〔罗马〕奥理略

诗的目的在于教益。

——〔意大利〕马佐尼

作品的善在于思想，美在于辞章雕饰。善与美都是可喜的。

——〔意大利〕但　丁

欣赏——这就是为着一件事物本身而爱好它，不为旁的理由。

——〔意大利〕达·芬奇

你如果要做一个艺术家，你要牢记：必须开拓你的胸襟，务使心如明镜，能够照见一切事物、一切色彩！

——〔意大利〕达·芬奇

科学和艺术也是为最高的善服务的，而这最高的善同时就是最高的真和美。

——〔俄国〕别林斯基

淳朴是艺术作品必不可少的条件；就其本质而言，它排斥任何外在的装饰和雕琢。

——〔俄国〕别林斯基

诗歌是生活的表现，或者更确切点说，就是生活本身。不仅如此，在诗歌中，比在现实本身中，生活更显得是生活。

——〔俄国〕别林斯基

读者群是文学的最高法庭、最高裁判者。

——〔俄国〕别林斯基

诗人必须有知识、思想、倾向和对于当代现实的深厚感情。

——〔俄国〕别林斯基

着眼过去，说明现在，预示未来。

——〔俄国〕别林斯基

一个艺术家如果看不见当代最重要的社会思潮，那么他的作品中所表达的思想实质的内在价值就会大大地降低。

——〔俄国〕普列汉诺夫

艺术家的一切自由和轻快的东西，都是用过分的压迫而得到，也就是伟大的努力的结果。

——〔俄国〕果戈理

区分真正的艺术和虚假的艺术的肯定无疑的标志，是艺术的感染性。

——〔俄国〕列夫·托尔斯泰

伟大的艺术作品之所以伟大，正因为它们是所有的人都能理解的。约瑟的故事译成中文后，能感动中国人。释迦牟尼的故事能感动我们。

——〔俄国〕列夫·托尔斯泰

艺术是生活的镜子。

——〔俄国〕列夫·托尔斯泰

艺术是感情的传递。

——〔俄国〕列夫·托尔斯泰

艺术家越是从心灵深处汲取感情，感情越是恳切真挚，那么它就越是独特。

——〔俄国〕列夫·托尔斯泰

一个人只有在他每次蘸墨水时都在墨水瓶里留下自己的血肉，才应该进行写作。

——〔俄国〕列夫·托尔斯泰

艺术家的任务不在于无懈可击地解决问题，而在于促进人们热爱丰富多彩的、永不枯竭的生活。

——〔俄国〕列夫·托尔斯泰

假使你想写一本书，但是可以不把它写出来，那就不要写。

——〔俄国〕列夫·托尔斯泰

应该写了又写，这是磨炼风格和文体的唯一方法。

——〔俄国〕列夫·托尔斯泰

黄金要经过淘洗才能得到。精辟的、被表达得很好的思想也是这样。

——〔俄国〕列夫·托尔斯泰

身边永远带着铅笔和笔记本，读书和谈话的时候碰到的一切美妙的地方和话语，都把它记下来。

——〔俄国〕列夫·托尔斯泰

真正的艺术不需要装饰，好比一位钟情于丈夫的妻子不需要打扮一样；伪造的艺术好比是一个妓女，她必须经常浓妆艳抹。

——〔俄国〕列夫·托尔斯泰

黄色作家跟他自己的读者一块儿犯罪，小市民作家却跟他的读者一块儿假充正经，而且阿谀他们的狭隘的德行。

——〔俄国〕契诃夫

如果我是医生，我就需要病人和医院；如果我是文学家，我就需要生活在人民中间。

——〔俄国〕契诃夫

谁要描写人和生活，谁就得经常亲自熟悉生活，而不是从书本上去研究它。

——〔俄国〕契诃夫

为了做一个真正的艺术家，必须把自己完全献给这个事业。投机取巧在这儿跟在各处一样，不会使人有什么成就。在艺术中如同在一切领域里一样，需要才能，可是也需要劳动，得真正埋头苦干才行。

——〔俄国〕契诃夫

诗人如果有才华，就不仅凭质量抓住读者，也凭数量。

——〔俄国〕契诃夫

对作家来说，写得少是这样的有害，就跟医生缺乏诊病机会一样。

——〔俄国〕契诃夫

写作的艺术就是提炼的艺术。

——〔俄国〕契诃夫

批评是揭示文学艺术作品的美和缺点的科学。

——〔俄国〕普希金

离开了民族性，就既没有艺术，没有真理，也没有生命，什么也没有。

——〔俄国〕屠格涅夫

美是艺术的目的和推动力。

——〔俄国〕冈察洛夫

一个作为艺术家的写作者，最主要的功绩就在于他所创造的形象的真实性。

——〔俄国〕杜勃罗留波夫

艺术的第一个作用，一切艺术作品毫无例外的一个作用，就是再现自然和生活。艺术除了再现生活以外，另外的作用那就是说明生活。

——〔俄国〕车尔尼雪夫斯基

文学是人的生活的教科书。

　　　　　——〔俄国〕车尔尼雪夫斯基

我的创作简直是从我内心流注出来的，不是凭空造作和敷衍成章的。

　　　　　——〔俄国〕柴可夫斯基

灵感，是由于顽强劳动而获得的奖赏。

　　　　　——〔俄国〕列　宾

我只相信一条：灵感是在劳动的时候产生的。

　　　　　——〔苏联〕奥斯特洛夫斯基

艺术家是同自己的艺术一同成长的。他的艺术是和他所反映的人民一同成长的。艺术家是和他所创作的英雄一同成长的。

　　　　　——〔苏联〕阿·托尔斯泰

诗歌的写作，如同镭的开采一样。开采一克镭，需要终年劳动。为了把一个字用得恰当，就需要几千吨语言的矿藏。

　　　　　——〔苏联〕马雅可夫斯基

教导人的不是书本，主要的是生活本身。

　　　　　——〔苏联〕高尔基

艺术家首先是自己时代的人，是自己时代的悲喜剧的直接观看者和积极参加者。

　　　　　——〔苏联〕高尔基

文学的真实，是从同类的许多事实中提出来的精粹。

——〔苏联〕高尔基

我们的艺术应当比现实站得更高，应当使人不脱离现实又高于现实。

——〔苏联〕高尔基

艺术的生命比个人的生命更为永久。

——〔苏联〕高尔基

人生是个大战场，作家是个随笔记者。

——〔日本〕岛崎藤村

艺术始于自我的表现，且终于自我的表现。

——〔日本〕夏目漱石

艺术的修炼必须付出终生的时光。

——〔日本〕横山大观

握笔著述，是一种祈祷。

——〔奥地利〕卡夫卡

艺术产生于忧郁。

——〔西班牙〕毕加索

没有真正抽象的艺术，你总是必须从一些实物着手。

——〔西班牙〕毕加索

艺术并不超越大自然，不过会使大自然更美化。

    ——〔西班牙〕塞万提斯

为争取未来的一代，我绝不顾个人成败得失。

    ——〔丹麦〕安徒生

有文无实，是则五色之禽，毛妄生也。

    ——王 充

一日不作诗，心源如废井。

    ——贾 岛

为求一字稳，耐得半宵寒。

    ——贾 岛

读书破万卷，下笔如有神。

    ——杜 甫

出人意外者，仍须在人意中。

    ——袁 枚

仔细斟酌你的言辞

越少思想的人，说话越多。

——〔美国〕德雷顿

失足可以很快弥补，失言却可能永远无法补救。

——〔美国〕富兰克林

傻瓜的心在嘴里，聪明人的嘴在心里。

——〔美国〕富兰克林

一个人是否站在他的话背后，能使那句话的力量有很大的差别。

——〔美国〕爱默生

内容丰富的言辞就像闪闪发光的珠子，真正的聪明睿智却是言辞简短的。

——〔英国〕培　根

如果你考虑两遍以后再说，那你说得一定比原来好一倍。

——〔英国〕培　根

我们的语言，不妨直爽，但不可粗暴、骄傲；有时也应当说几句婉转的话，但切忌虚伪、轻浮与油滑。

——〔英国〕培　根

寻找口实辩护自己的罪过，往往会因那口实而使自己的罪过更加深重。

——〔英国〕莎士比亚

情人们的誓言，并不比堂倌的话可靠，因为二者都是惯报虚账的人。

——〔英国〕莎士比亚

简洁向来是智慧的精髓。

——〔英国〕莎士比亚

具有绅士风度的人，谈话时不多询问。

——〔英国〕约翰生

请你重新念一念你的文章，假如碰到了你觉得特别杰出的地方，就把它删除吧。

——〔英国〕约翰生

语言的真正功用，并不在表达我们的欲望，而是在隐藏。

——〔英国〕哥尔德斯密斯

生活中最大的乐趣之一就是谈话。

——〔英国〕史密斯

当没有话可说的时候，就什么也不要说。

　　　　　　　——〔英国〕科尔顿

仔细斟酌你的言辞，以免它们变成利剑。

　　　　　　　——〔英国〕卡莱尔

说话随便的人，一定没有责任心。

　　　　　　　——〔英国〕哈　代

一个人的眼睛是现在的他，一个人的嘴巴是将来的他。

　　　　　　　——〔英国〕高尔斯华绥

没有别的谈话比所有的人意见都一致更令人厌烦。

　　　　　　　——〔法国〕蒙　田

真正有价值的雄辩绝无废言谬语，所说的一切都是需要的。

　　　　　　　——〔法国〕罗休夫柯

最喜欢胡说八道的人，是那些对事不专心的人；因为人们想得越少，说得越多。

　　　　　　　——〔法国〕孟德斯鸠

当人没有什么话可说时，老是说人坏话。

　　　　　　　——〔法国〕伏尔泰

激烈的话，正表示其理由的薄弱。

——〔法国〕雨　果

客套话有如隔着面纱接吻。

——〔法国〕雨　果

语言是不固定的。人类的思想总是在进步的，或者说在活动着的，言语是与之相伴的。事实上是如此。既然身体改变了，衣服怎么会不改变呢？……语言和太阳都不会停住。到了语言固定的一天，它就死了。

——〔法国〕雨　果

世界上最美妙的语句只是空洞的声音，如果你不了解它们。

——〔法国〕法朗士

格言须用来指出我们尚未达到但是努力要达到的目标，所以应该把格言作为座右铭。

——〔德国〕歌　德

话可以收回，但人生可不能这样。

——〔德国〕席　勒

一篇美好的言辞并不能抹杀一种坏的行为，而一种好的行为也不会为诽谤所玷污。

——〔希腊〕德谟克利特

语言的准确性，是优良风格的基础。

    ——〔希腊〕亚里士多德

最明晰的风格是由普通语言形成的。

    ——〔希腊〕亚里士多德

语言作为工具对于我们之重要，正如骏马对于骑士的重要。最好的骏马适合于最好的骑士，最好的语言适合于最好的思想。

    ——〔意大利〕但　丁

与其让手休息，毋宁让舌头睡觉。

    ——〔俄国〕列夫·托尔斯泰

不能用温和的语言征服的人，用严肃的语言更不能征服。

    ——〔俄国〕契诃夫

作为一种感动的力量，语言真正的美，是由于言辞的准确明朗和响亮动听而产生出来的。

    ——〔苏联〕高尔基

说话不考虑，等于射击不瞄准。

    ——〔西班牙〕塞万提斯

即使千言万语，也不及一件事实留下的印象那么深刻。

    ——〔挪威〕易卜生

赠人以言，重如珠玉；伤人以言，甚于剑戟。

——孙　子

有道德者，不可多言；有信义者，必不多言；有才谋者，不必多言。

——蔡虚齐

喜时之言多失信，怒时之言多失礼。

——陈继儒

字字古有，句句古无。吐故吸新，其庶几何？

——袁　枚

厚时说尽知心，提防薄后发泄；恼时说尽伤心，再好有甚颜色。

——吕　坤

宜养辩于讷，藏锋于钝。断不可议论风生，向前人称能，令人鄙薄。

——陶　觉

哲学是一切科学的科学

哲学，只有当它不再来研究哲学家们的问题，而成为哲学家们探究解决人的问题时，才能恢复元气。

——〔美国〕杜　威

在我们每个人心中这样重要的哲学，不是一个技术问题，而是我们对人生真谛的一种多少有些说不出来的感悟。从书本上得来的，不过是哲学的一部分；哲学是我们各人观察和感知宇宙整个推动的方式。

——〔美国〕詹姆斯

哲学在人类事业中是最崇高而又最平凡的，它在最细微的地方下功夫，而展开了最广阔的远景。人们说哲学"烤不出面包"，但它鼓励我们的灵魂，使我们勇敢起来。对于一般人来说，它的态度，它的疑惑和诘难，它的诡辩和论证，常常是令人讨厌的。但是，如果没有哲学远射的光辉，没有那随着光辉而对照出来的阴暗和奥秘，就不能使人对它所说的产生一种远非仅仅专业人员所有的兴趣。

——〔美国〕詹姆斯

科学发现、描述、记载事实，哲学则解释它们。它企图深透到作为世界基础的事物内部，发现使世界有活力的奥义。

——〔美国〕鲍　恩

哲学家应当追索的，乃是思想的流动、变化和冲突。

——〔美国〕罗伊斯

哲学家的职责就在于指出自我的真相。

——〔美国〕罗伊斯

一个哲学家，在他的内心里，对于真理的爱好强于一切。

——〔美国〕爱默生

哲学就是可治心灵百病的药石。

——〔英国〕济布鲁

天理昭彰，逃避无方。恶劣手段得来的东西，必然带来恶劣的报应。

——〔英国〕莎士比亚

健全的理性成就健全的行为。

——〔英国〕莎士比亚

世间的任何事物，追求时候的兴致总要比享用时候的兴致浓烈。

——〔英国〕莎士比亚

最大的无聊却是为了无聊费尽辛劳。

——〔英国〕莎士比亚

只有光没有热的火花，切不能当作真火！

——〔英国〕莎士比亚

外表往往与事实本身不符，世人却容易被表面的装饰所欺骗。

——〔英国〕莎士比亚

科学是你所知道的，哲学是你所不知道的。

——〔英国〕罗　素

哲学本身研究的是一般受教育的人感到兴趣的问题，如果哲学的内容只有少数几个专门研究哲学的人能够懂得，它的价值就要大大减少。

——〔英国〕罗　素

一种哲学要有价值，应该建筑在一个宽大坚实的知识基础之上，这个知识基础不单是关乎哲学的。

——〔英国〕罗　素

哲学需要完全的自由甚于需要别的特权，而且它所以能够繁荣，多半是因为各种意见和辩论可以互相自由反对的。

——〔英国〕休　谟

既然人的心灵几乎不可能像禽兽的心灵一样，停留在日常谈话和行动的题材上，不出那个狭隘的圈子一步，我们就只该慎重考虑如何选择自己的向导，应当挑选最可靠、最称心的。在这方面，我大胆地推荐哲学，而且要毫不犹豫地肯定哲学胜于各种各样的迷信。

——〔英国〕休 谟

一个哲学家的生活虽然离开实际的事务，但是哲学的天才如果被一些人谨慎地培养起来，则它会广布于全社会，使各种艺术和行业都一样正确起来。

——〔英国〕休 谟

哲学是一种用语言对付我们理智的困惑的战斗。

——〔英国〕维特根斯坦

哲学问题的答案可以与神话故事的智慧相比较，它在魔幻般的城堡里显得妩媚动人，但是在白昼，它在户外看上去仅是一块普通的铁（或类似的物）。

——〔英国〕维特根斯坦

请你们不要以为哲学是制作哲人石的，也不要认为哲学是可以在形而上学法典里找到的东西。哲学是人的自然理性，它在被创造物中间匆忙地上下飞翔，从而给它们的秩序、原因和结果带来一个真实的报告，所以哲学作为世界和你自己心灵的产儿，是在你自己里边。

——〔英国〕霍布斯

迈向哲学的第一步，就是怀疑。

——〔法国〕狄德罗

事实，不管它们具有什么性质，总是哲学家的真正财富。

——〔法国〕狄德罗

哲学是理性和科学的朋友，而神学是理性的敌人和无知的庇护者。

——〔法国〕狄德罗

哲学尽管对象纷然杂陈，却以真理为归依。

——〔法国〕拉美特里

征服全世界也抵不上一个哲学家在他的书房里所尝到的那种快乐，他周围环绕着一些哑巴朋友，然而他们却向他说尽了他想听的话。

——〔法国〕拉美特里

哲学家——即使是康德这样的哲学家——就是创造者。他拥有自己的角色、自己的象征和秘密的行动。他还拥有自己的结局。

——〔法国〕加　缪

要达到哲学想达到的目的——对世界的完全认识——的唯一方法只能是投身历史之中，而不是对历史进行深思。

——〔法国〕梅洛·庞蒂

我们的第一个哲学教师是我们的两条腿、我们的一双手和我们的一对眼睛。

——〔法国〕卢　梭

有人说如果哲学家做国王，百姓就会得福。而我看，如果臣民中有很多哲学家，国王就会更为有幸。

——〔法国〕伏尔泰

一个哲学家的职责并不是怜悯不幸的人们，而是要对于他们有所助益。

——〔法国〕伏尔泰

各种人和事都有自己的观察点，有的需要抵近去看以做出正确的判断，有的则只有从远处看才能判断得最好。

——〔法国〕拉·罗什夫科

在重大的事物上，我们应该少用心去创造机会，而更多地注意利用现有的机会。

——〔法国〕拉·罗什夫科

哲学容易打垮过去与未来的不幸，却容易被现在的不幸所打垮。

——〔法国〕拉·罗什夫科

生活是可爱的，这要看你戴什么眼镜去看它。

——〔法国〕小仲马

从伟大到可笑，相差只有一步。

——〔法国〕巴尔扎克

傻瓜旁边必然有骗子。

——〔法国〕巴尔扎克

我只惋惜一件事：日子太短，过得太快。一个人从来看不出做成了什么，只能看出还应该做什么。

——〔法国〕居里夫人

科学总是肯定或否定，哲学却是追问……哲学是批判，或者更确切些说，用一个不好理解的字眼来表示，它是反思。

——〔法国〕拉克鲁瓦

哲学就是思考的显微镜。

——〔法国〕雨 果

我觉得在一切科学中，最重要的乃是哲学。

——〔法国〕圣西门

哲学家没有工人就没有力量，工人没有哲学家就没有方向。

——〔法国〕孔 德

探求真正的美好——普通人都把美好寄托在幸运上，在身外的财富上，或者至少是在开心上。哲学家已经指出了这一切的虚幻，而把它寄托在自己力所能及的地方。

—— 〔法国〕帕斯卡尔

哲学家研究人，对象是人的幸福。这种幸福既取决于支配人们生活的规律，也取决于人们所接受的教育。

—— 〔法国〕爱尔维修

哲学家是人……是可以在众人面前用自己的哲学学说和行动解决问题的人。

—— 〔法国〕萨　特

有了声名而不被了解比没有声名更难堪。

—— 〔法国〕罗曼·罗兰

生活最沉重的负担不是工作，而是无聊。

—— 〔法国〕罗曼·罗兰

承受痛苦，比死亡更需要勇气。

—— 〔法国〕拿破仑

哲学是一切科学的科学。

—— 〔德国〕魏特林

真正的哲学不是创作书而是创作人。

—— 〔德国〕费尔巴哈

真正哲学的标志乃是有阐发的能力。

—— 〔德国〕费尔巴哈

哲学是关于存在物的知识。事物的本质是怎样的，就必须怎样来思想、来认识它们。这是哲学的最高规律、最高任务。

——〔德国〕费尔巴哈

哲学是科学的母亲。不管是古代还是现代，头等的科学家都是哲学家。

——〔德国〕费尔巴哈

哲学按其本性而言，是能够普遍化的；因为它的土壤是思维，而人正因此成为人。

——〔德国〕黑格尔

妄想一种哲学可以超出它那个时代，这与妄想个人可以跳出他的时代，跳出罗陀斯岛，是同样愚蠢的。

——〔德国〕黑格尔

在纯粹光明中就像在纯粹黑暗中一样，看不清什么东西。

——〔德国〕黑格尔

凡一切人间的事物，财富、荣誉、权力，甚至快乐、痛苦等皆有其确定的尺度，超越这个尺度就会招致沉沦和毁灭。

——〔德国〕黑格尔

哲学家越少将个人感情注入哲学之中，则他的哲学也就越好。

——〔德国〕黑格尔

追求真理的勇气和对于精神力量的信仰是研究哲学的第一个条件。

——〔德国〕黑格尔

今天，只有理性的独立，才是哲学的课题。

——〔德国〕黑格尔

哲学必须指明我们生活的真理、意义和目的。

——〔德国〕雅斯贝斯

从事哲学即是从事超越。

——〔德国〕雅斯贝斯

自由贯彻全部哲学始终。

——〔德国〕谢　林

"哲学"这个词现在的用法是，用科学的方法来处置有关宇宙和人生的一般问题。

——〔德国〕文德尔班

人们将选择哪一种哲学，这就要看他是哪一种人，因为一个哲学体系不是一个人们可以随意放弃或接受的死用具。反之，一个哲学体系因占有这个体系的人的精神而充满生气。

——〔德国〕费希特

注意你自己，把你的眼光从你周围收回来，回到你的内心，这是哲学对它的学徒所做的第一个要求。哲学所要谈的不是在你外面的东西，而是你自己。

——〔德国〕费希特

全部哲学，一切人类的思维和学说……其目的无非都在于回答……那个最高深的问题，即一般人的使命是什么？通过什么手段他才能最稳妥地完成这一使命？

——〔德国〕费希特

事实上任何哲学著作都必须通俗，否则就是在貌似深奥的烟幕下掩盖得无意义了，只不过是随着研究深入也就有了通俗，在开始时却没法通俗。

——〔德国〕康　德

哲学，就似攀登高耸入云的山峰，沿途只有唯一的一条利石荆棘遍布的小道，愈往上愈陡峭、愈荒凉……

——〔德国〕叔本华

一个人可以成为一个哲学家，而又不必因此就是一个蠢人。

——〔德国〕叔本华

对我们哲学家来说，最大的乐事莫过于被错认为是艺术家了。

——〔德国〕尼　采

　　每一位伟大的哲学家所应当说的话是："这就是人生之画的全景，从这里来寻找你自己的生命的意义吧。"

——〔德国〕尼　采

　　人只要有其个性，就必定有其个性的哲学。然而其间有明显的区别。在一人是他的缺陷化为哲学，在另一人却是他的富足和力量化为哲学。前者需要哲学是为了作为支撑、镇静、药物、解脱、升华、自我疏远；在后者的哲学仅仅是一种美丽的奢侈，至多是一种得胜之感谢的欢欣，终于要以宇宙的大楷写在观念的天上的。

——〔德国〕尼　采

　　人生每一阶段都有某种与之相应的哲学。

——〔德国〕歌　德

　　诗是成熟的自然，哲学是成熟的理性。

——〔德国〕歌　德

　　可能有广采各家之言的哲学家，可是却没有采纳各家之言的哲学。

——〔德国〕歌　德

你要理解什么，不要舍近求远。

——〔德国〕歌　德

聪明的战士从不低估敌人。

——〔德国〕歌　德

全部哲学，特别是近代哲学的重大的基本的问题，是思维和存在的关系问题。

——〔德国〕恩格斯

一切观念都来自经验，都是现实的反映——正确的或歪曲的反映。

——〔德国〕恩格斯

当你批判地思考你在世界上所做的事情时，你便在从事于哲学思维。当然，你所做的事首先是过生活。过生活牵涉情绪、信仰、怀疑和勇敢。批判地研究这些东西的意义和含义，这便是哲学……我们感觉自己是在一个有规律和有意义的世界中。但是我们为什么认为对于世界的实在和价值之舒适的感觉仍是要批评的一个事物呢？关于生活的这样一个精密的和彻底的批判，便是哲学。

——〔德国〕罗伊斯

一个好的数学家，至少是半个哲学家；一个好的哲学家，至少是半个数学家。

——〔德国〕弗雷格

一个人的死不是他自己的事，而是活人的事。

——〔德国〕汤玛斯·曼

盲目的误解往往逼着最善的人走脱正轨。

——〔德国〕席　勒

我们现在认识到哲学不是一种知识的体系，而是一种活动的体系，这一点积极表现了当代的伟大转变的特征；哲学就是那种确定或发现命题意义的活动。

——〔德国〕石里克

哲学的天职是处理人类的永恒事业。按照哲学的历史目的，它是所有一切科学中最崇高和最严格的科学，它如实地描绘出纯粹和绝对认识的不朽要求，而与此不可分离的是要求纯粹和绝对的评价和意欲。

——〔德国〕胡塞尔

哲学的社会功能首先不是研究社会问题，而是发展批判的和辩证的思维。哲学是人们从方法上所做的一种艰苦的尝试，目的是给世界带来理性。

——〔德国〕霍克海默

哲学的真正社会功能在于批判现存的东西。但是它既不是对各种观念和社会状况吹毛求疵——似乎哲学家就是浑身长刺的人——也不是对这种或那种孤立状况履行职责或推荐补救方法。哲学批判现存的东西的主要目的，是要防止人们忘却社会的现有组织所给予人们的那些观念和行为方式……哲学就是揭露人们在日常生活中被迫接受某些孤立观念和概念时遇到的矛盾。

——〔德国〕霍克海默

以作为存在者的存在物为研究对象的人，应该能够说出一切东西的最确切的原理。这就是哲学家。

——〔希腊〕亚里士多德

不谈哲学，也是在谈哲学。

——〔希腊〕亚里士多德

不能认为还有什么比哲学更值得尊敬的了……其他的知识可能是比哲学更为需要的，但没有一种是比哲学更优越的。

——〔希腊〕亚里士多德

不能医治人们痛苦的哲学家的话是空洞的。不能医治心灵疾病的哲学和不能医治躯体疾病的医学一样无益。

——〔希腊〕伊壁鸠鲁

哲学是至高无上的文艺。

——〔希腊〕柏拉图

哲学是最高深的音乐。

——〔希腊〕柏拉图

哲学家是智慧的爱好者，他不是仅爱智慧的一部分，而是爱它的全部。

——〔希腊〕柏拉图

哲学家是能够把握永恒不变事物的人，而那些做不到这一点，被千差万别事物的多样性搞得迷失了方向的人就不是哲学家。

——〔希腊〕柏拉图

哲学是对习惯的攻击性武器。

——〔希腊〕阿基达莫斯

朋友，哲学是人的思想的本性。

——〔希腊〕苏格拉底

疑问由哲学家的感知而来，疑问是哲学之始。

——〔希腊〕苏格拉底

在平安宽舒的时候不可忘记了灾难。

——〔希腊〕伊　索

在景况好时不预先考虑将来的事情的人，在时节改变时会遇到很大的不幸。

——〔希腊〕伊　索

不要企图无所不知，否则你将一无所知。

——〔希腊〕德谟克利特

当人过度时，最适意的东西也变成了最不适意的东西。

————〔希腊〕德谟克利特

无论怎样称赞哲学也不会过分，因为它能使听信它教诲的人毫无烦恼地度过人生的各个时期。

————〔罗马〕西塞罗

研究哲学是需要的，但是当哲学只为几个人所垄断时，当它得不到普及时，当忽视促其深入人民群众时，哲学就变成灾难。

————〔罗马〕西塞罗

什么东西能指挥人呢？只有一样，这就是哲学。

————〔罗马〕马可·奥勒留

往何处？为什么？怎么走？这就是哲学的一切。

————〔罗马〕霍诺留斯

黑夜是我的朋友，绝望是我的参谋。

————〔罗马〕威吉尔

永远不要宣称你是哲学家，也不要在无知的人中间多谈你的原则，而要用行动来表示出你的原则。

————〔罗马〕爱比克泰德

凡事总有个限度。

————〔罗马〕贺拉斯

如果没有变化，没有变易，没有盛衰兴替，就不会有适宜的东西、良好的东西、愉快的东西。

——〔意大利〕布鲁诺

在各种哲学派别之中，那最好的是这样的：它以最方便、最高尚的方式表现人类理智的完善，并最符合自然的真理；它尽可能地与自然合作，推测……或判明规律，并改造风尚；它进行治疗或进行认识是为了生活更加幸福，更加神圣。

——〔意大利〕布鲁诺

诗人可以说是人类的感官，而哲学家就是人类的理智。诗人凭凡俗智慧来感觉，哲学家凭玄奥智慧来理解。

——〔意大利〕维 科

哲学是一种精神结构……是对于宗教和常识的批判和克服。

——〔意大利〕葛兰西

研究哲学并不仅限于发现别人想过的问题，而是寻求事实真相。

——〔意大利〕托马斯·阿奎那

哲学就写在展现于我们眼前的一部庞大无比的书——这个浩瀚无际的宇宙里。

——〔意大利〕伽利略

我还没遇到一个无知到我不能从他身上学到任何东西的人。

——〔意大利〕伽利略

哲学是指出真理的指南针、暗示真理的明灯。

——〔意大利〕埃西克斯

任何东西，凡是我们拿来和别的东西比较时显得高出许多的，便是伟大。

——〔俄国〕车尔尼雪夫斯基

苹果青的时候，是不应该摘取的。它熟的时候自己会落的，但你在青的时候摘取，便是损害了苹果和树，并且要使牙齿发酸的。

——〔俄国〕列夫·托尔斯泰

就是在平坦的道路上也有跌倒的时候。

——〔俄国〕契诃夫

在风暴中才有安详。

——〔俄国〕莱蒙托夫

理智要比心灵为高，思想要比感情可靠。

——〔苏联〕高尔基

没有不可认识的东西，我们只能说还有尚未被认识的东西。

——〔苏联〕高尔基

要想一下子全知道，就意味着什么也不知道。

　　　　　　——〔苏联〕巴甫洛夫

哲学每行一步都要脱一层皮，它的食客就爬进去居住。

　　　　　　——〔丹麦〕克尔凯郭尔

越伟大的哲学家，越无法回答一般民众的质疑。

　　　　　　——〔波兰〕显克微支

教育的秘诀在于尊重生活

青年人的教育是国家的基石。

——〔美国〕富兰克林

教你的儿女们自制，教他们习惯于在一个正直及明理义的意志下控制自己的情欲、偏见及其他恶劣的倾向，这样你便等于已从他们未来的生活中除去灾难，并且也为社会清除了罪恶。

——〔美国〕韦伯斯特

教育的秘诀在于尊重生活。

——〔美国〕爱默生

教育的胜利，可以压倒国民性。

——〔美国〕爱默生

教育成功的秘密在于尊重学生。

——〔美国〕爱默生

性格的培养是教育的主要目的，虽然它不能算是唯一的。

——〔美国〕爱默生

教育的目的在于使人能够继续教育自己。

——〔美国〕杜　威

我从来没有让我在学校学的东西干涉我的教育。

——〔美国〕马克·吐温

不论孩子将来要干什么事业，都应当从小做起。真不知道有多少父母能够认识到他们给予孩子们的所谓"教育"，只会迫使子女陷入平庸，剥夺他们创造美好事物的任何机会。

——〔美国〕邓　肯

言教不如身教。

——〔英国〕约翰逊

教育的目的在于品德的形成。

——〔英国〕斯宾塞

教育随生命开始，在我们察觉个性已建立之前，后来的教诲已很难将它移动及改变。

——〔英国〕莎士比亚

大学里绝不会教你如何生存；同样道理，大学教授们也和我们一样，简直对这事一无所知。

——〔英国〕牛　顿

说理是对待儿童的真正办法。

——〔英国〕洛　克

教师的巨大技巧在于集中与保持学生的注意。

——〔英国〕洛 克

教育之最终目的是培养人格。

——〔英国〕伯 克

劳作教养身体，学习教养心灵。

——〔英国〕史密斯

把完善的教育留给子女，乃是最佳的遗产。

——〔英国〕司各特

教育真正的目的，并不只强调人做善事，同时还要教人从做善事中发掘出喜悦。

——〔英国〕罗斯金

教育不仅教人知道他们所不知道的东西，还应教他们自己做没做过的事情。

——〔英国〕罗斯金

一个父亲胜过一百个校长。

——〔英国〕哈伯特

植物借栽培而生育，人类借教育而成人。

——〔英国〕罗 素

教育的目的不是在制造机械，而是在造就人。

——〔英国〕罗 素

教育儿童应首先激发其兴趣和爱心，否则只是填鸭式的灌输，毫无意义可言。

——〔法国〕蒙　田

在所有一切有益于人类的事业中，首要的一件，即教育人的事业。

——〔法国〕卢　梭

要启发儿童的学习兴趣，当这种兴趣已很成熟的时候，再教给他学习的方法。这确乎是所有优良教育的基本原则。

——〔法国〕卢　梭

如果你想纠正你的学生的弱点，你就应该把你自己的弱点暴露给他看，就应当让他在你身上发现他所体验到的斗争，使他照你的榜样学会自己克制自己。

——〔法国〕卢　梭

你要记住，在敢于担当培养一个人的任务之前，自己就必须要造就成一个人，自己就必须是一个值得推崇的模范。

——〔法国〕卢　梭

儿童在学校的相似，是强制的结果。一旦毕业，强制随即结束。

——〔法国〕爱尔维修

教育最主要的目的不是教你挣得面包，而是使每一口都更香甜。

——〔法国〕安格尔

教育是民族最伟大的生活原则，是一切社会里把恶的数量减少、把善的数量增加的唯一手段。

——〔法国〕巴尔扎克

多办一所学校，可少建一座监狱。

——〔法国〕雨　果

离开教育，人将一无是处。

——〔德国〕康　德

只因我们暧昧而散漫的教育，才使人变成模棱两可的东西。

——〔德国〕歌　德

铁匠铺里烧得很旺的炉火熔掉了铁条上的杂质，铁质就变软了。等到它纯化了，就对它敲打和加压，然后又用清水淬火使它再度硬化。一个人在他老师手里经历的也是同样的过程。

——〔德国〕歌　德

把你的孩子培养成崇高的人，唯有这样才能使他幸福，此乃财富所不能及的事。我是凭经验这样说的。

——〔德国〕贝多芬

对未来来说，孩子的教育比成人更为重要。

——〔德国〕贝多芬

只有具有坚定的性格，知道自己想要什么，为什么想要和利用什么来实现自己意志的人——只有这样的人才能教育出坚决的、精力充沛和性格坚强的人来。

——〔德国〕第斯多惠

一个真正的教师指点给他的学生的不是已投入了千百年劳动的现成大厦，而是促进他去做砌砖的工作，同他一起来建筑大厦，教他建筑。

——〔德国〕第斯多惠

当你致力于教育别人时，不论是教育活动的范围以内或在它的范围以外，同时要努力于自我教育。要让学校也成为你自己受教育的学校，让一切生活、任何环境和情况都作为你自己培养和教育的凭借。

——〔德国〕第斯多惠

凡是能够引起学生的思想、工作和智力上的主动精神的方法，是最好的方法。

——〔德国〕第斯多惠

学校的目标应当是培养有独立行动和独立思考的个人。

——〔德国〕爱因斯坦

兴趣是最好的老师。

——〔德国〕爱因斯坦

教育并不能改变人性，只能改良人性。

——〔希腊〕亚里士多德

教育是廉价的国防。

——〔希腊〕亚里士多德

教育在顺境中是装饰品，在逆境中是避难所。

——〔希腊〕亚里士多德

永远不要将你的孩子只教养成一个绅士或是一个淑女，应将他们教育成一个男人或是一个女人。

——〔罗马〕西塞罗

你不能去教别人，只能帮助他自悟而已。

——〔意大利〕伽利略

在教育中一切都应当以教育者的人格为基础……只有人格才能影响人格的发展和形成，只有性格才能形成人格。

——〔俄国〕乌申斯基

只有当你致力于自我教育的时候，你才能教育别人。

——〔俄国〕乌申斯基

完善的教育可能使人类的身体的、智力的和道德的力量得到广泛的发挥。

——〔俄国〕乌申斯基

妨害儿童、哗众取宠的教育，从一开始就破坏着人的性格。学习是一种劳动，应该始终是一种劳动，而且是充满思想的一种劳动，只有这样，才能使学习兴趣本身随着富于内容的思想而转移，而不是取决于和事实不相称的任何粉饰。

——〔俄国〕乌申斯基

爱孩子这是母鸡也会做的事。可是，要善于教育他们，这就是国家的一件大事了，这需要才能和渊博的生活知识。

——〔苏联〕高尔基

母亲是儿童最好的教师，她给孩子的教育比所有的学校教育加起来还多。

——〔苏联〕克鲁普斯卡娅

要知道，教育者影响受教育者的不仅是所教的某些知识，而且还有他的行为、生活方式以及对日常现象的态度。

——〔苏联〕加里宁

教育是一种最艰巨的事业。优秀的教育家们认为，教育不仅是科学事业，而且是艺术事业。

——〔苏联〕加里宁

现今的父母教育孩子就是缔造祖国未来的历史，因而也是缔造世界的历史。

——〔苏联〕马卡连柯

如果有人问我，我怎样能够以简单的公式概括我的教育经验的本质时，我回答说，要尽量多地要求一个人，也要尽可能地尊重一个人。

——〔苏联〕马卡连柯

一个人将来成为什么样的人，主要看你们在五岁前使他们成为什么样的人。如果你们在五岁前不正确地教育他，那么以后就不得不进行再教育。

——〔苏联〕马卡连柯

培养人，就是培养他对前途的希望。

——〔苏联〕马卡连柯

所有的人，包括作家在内，都是教育自己并受到环境的教育，战胜自己身上他们认为是卑鄙的那些感情或感情的萌芽。

——〔苏联〕爱伦堡

真正的教育者不仅传授真理，而且向自己的学生传授对待真理的态度，激发他们对于善良事物受到鼓舞和钦佩的情感，对于邪恶事物不可容忍的态度。

——〔苏联〕苏霍姆林斯基

教师是太阳底下再优越没有的职务了。

——〔捷克〕夸美纽斯

教育之宗旨，在使儿童成为自治自立的人物，而不是受制于他人的人物。

——〔荷兰〕斯宾诺莎

不论在幼稚之时或成年之时，都不得不注重自立教育。

——〔荷兰〕斯宾诺莎

教育的目的应当是教人如何思考，而非思考些什么；应为增进我们的心智，使我们能自行思考，而不是将别人的思考作为我们记忆的负担。

——〔荷兰〕斯宾诺莎

传播知识就是播种幸福……科学研究的进展及日益扩大的领域将唤起我们的希望，而存在于人类身心上的细菌也将逐渐消失。

——〔瑞典〕诺贝尔

我们并不是通过教育努力教会青年人谋生，而是教他们创造生活。

——〔澳大利亚〕怀　特

以身教者从，以言教者讼。

——范　晔

圣人无常师。

——韩　愈

信仰是力量的源泉

我愿意在我最困难的地方锤炼我的信仰；因为相信那些寻常和可见的对象并非信仰，只是劝告。

——〔美国〕布　朗

纯洁的灵魂是世界上最珍贵的东西。

——〔美国〕爱默生

我们生而具有信仰。人承载着信仰，就像树承载着果实一样。

——〔美国〕梭　洛

没有信仰，则没有名副其实的品行和生命；没有信仰，则没有名副其实的国土。

——〔美国〕惠特曼

善良的生活是唯一的宗教。

——〔英国〕富　勒

在天堂里，天使只是个普通人。

——〔英国〕萧伯纳

我们靠信仰生活，比自己所想到的多；我们靠信仰获得的成就，也比自己所意识到的多。有了信仰，我们才可以承认有不可能的事情。否定信仰，即等于反对自己，反对我们一切创造力的精神源泉。

　　　　　　——〔英国〕卓别林

　信仰是力量的源泉。

　　　　　　——〔英国〕卓别林

　信仰和迷信是截然不同的东西。

　　　　　　——〔法国〕帕斯卡

　信仰，是人们所必需的。什么也不信的人不会有幸福。

　　　　　　——〔法国〕雨　果

　怀疑与信仰，两者都是必须的。怀疑能把昨天的信仰摧毁，替明日的信仰开路。

　　　　　　——〔法国〕罗曼·罗兰

　信仰不是一种学问。信仰是一种行为，它只在被实践的时候才有意义。

　　　　　　——〔法国〕罗曼·罗兰

　祈祷并不能得到任何客观上的效果，而是能获得主观上的反应，也就是心情的安静和慰藉。

　　　　　　——〔德国〕康　德

　信仰是对不可见之物的爱，也就是对看似不可能，或被认为几乎完全不可能存在之物的信赖。

——〔德国〕歌 德

要期望奇迹的人，必须加强自己的信仰。

——〔德国〕歌 德

假如我的信念随着我的心脏的跳动而动摇，那是可悲的。

——〔德国〕席 勒

不依所见而做，应依信仰而行。

——〔德国〕保 罗

只对一个人的爱，乃是一种野蛮。因此，此举要牺牲许多其他的人。对神的爱也不例外。

——〔德国〕尼 采

信仰是相信我们未见的事物。

——〔罗马〕奥古斯丁

真正的宗教要求我们排除一切心灵的焦虑和思想的不安，以及一切灵魂的混乱和骚动。

——〔罗马〕奥古斯丁

我所理解的东西，我也信仰它们，但我并不理解我所信仰的所有东西；因为，我认识所有我所理解的东西，但是我并不认识所有我所信仰的东西。而且，我仍然不理会信仰我所不认识的许多东西的用途何在。

——〔罗马〕奥古斯丁

真正的信仰，被永恒之国家的使者播种，已经遍植人间。

——〔意大利〕但　丁

在生活中没有信仰的人，犹如一个没有罗盘的水手，在浩瀚的大海里随波逐流。

——〔意大利〕但　丁

想努力创造完美的东西，必须具备心灵的纯洁。

——〔意大利〕米开朗基罗

信仰之所以宝贵，只是因为它是现实的，而绝不是因为它是我们的。

——〔俄国〕别林斯基

信仰是人生的力量。

——〔俄国〕列夫·托尔斯泰

人的信仰愈是坚决，其生活愈不致动摇。没有信仰的人的生活，无非是动物的生活。

——〔俄国〕列夫·托尔斯泰

一切利己的生活，都是非理性的、动物的生活。

——〔俄国〕列夫·托尔斯泰

　　信仰是精神的劳动。动物是没有信仰的，野蛮人和原始人有的只是恐怖和疑惑。只有高尚的组织体，才能达到信仰。

　　　　　　　　——〔俄国〕契诃夫

　　有信仰的地方就存在着神。

　　　　　　　　——〔西班牙〕塞万提斯

　　迷信的愚昧却铸成了生铁，什么也刻不上去，只有用烈火来对付它。

　　　　　　　　——〔瑞士〕裴斯泰洛齐

人类是唯一会脸红的动物

平庸的人最大缺点是常常觉得自己比别人高明。

——〔美国〕富兰克林

当一个人受到公众信任时，他就应该把自己看作为公众的财产。

——〔美国〕杰弗逊

人，全都是为"发现"而航行的探寻者。

——〔美国〕爱默生

暴民是自愿暴露野兽本性的一群人。

——〔美国〕爱默生

我们不要计算一个人的年纪，除非他没有一点其他东西可供计算。

——〔美国〕爱默生

英雄并不是比普通人有勇气，只不过是持续了五分钟的勇气而已。

——〔美国〕爱默生

相信你自己，每颗心都会使铁弦颤动。

——〔美国〕爱默生

有些人是因廉洁而贫穷，但贫穷的人却未必都是廉洁的。

——〔美国〕爱默生

只有一个人的心灵和性格睡着的时候，人们才会注意到他的服饰。

——〔美国〕爱默生

我的生活经验使我深信，没有缺点的人往往优点也很少。

——〔美国〕林　肯

世上没有卑鄙的职业，只有卑鄙的人。

——〔美国〕林　肯

即使到处游历，总无法逃避自己。

——〔美国〕海明威

青年人要有老年人的沉着，老年人应有青年人的精神。

——〔美国〕海明威

最考验人的是一个人最幸运的时刻。

——〔美国〕华莱士

人类是唯一会脸红的动物，或是唯一该脸红的动物。

——〔美国〕马克·吐温

我们的前半辈子有玩乐的能力，却无机会；后半辈子有机会，却无能力。

——〔美国〕马克·吐温

不要接近那些竭力使人丧失信心的人，这是渺小的人所固有的特点。伟大的人则相反，总是使你产生一种感觉：你也可以成为伟人。

——〔美国〕马克·吐温

具有新思想的人在其思想成功之前是怪人。

——〔美国〕马克·吐温

经得起诱惑的人，应该接受生活的冠冕。

——〔美国〕詹姆斯

那些不能牢记过去错误的教训的人，应被处罚去重复它。

——〔美国〕桑塔亚娜

最终衡量一个人，不是看他在舒适和顺利的时刻站在哪儿，而是看他在受到非难和有争议的时刻站在哪儿。

——〔美国〕马丁·路德·金

不要模仿别人，让我们发现自我，秉持本色。

——〔美国〕卡耐基

记住，你内在的力量是独一无二的，只有你自己知道自己能做什么。但是除非你真的去做，否则连你也不知道自己真的能做。

——〔美国〕卡耐基

要永远尽你所能，永远不要气馁，永远不要小看自己。永远要记住，别人可能恨你，可是恨你的那些人不会胜利，除非你也恨他们，而那样，你也就毁了自己。

——〔美国〕尼克松

对一个人来说，真正重要的不是他的背景、他的肤色、他的种族，或是他的宗教信仰，而是他的性格。

——〔美国〕尼克松

我一生中所犯的错误都是在本想说"不"的时候说了"是"。

——〔美国〕哈　特

假如你将五十岁以上的人的经验与判断从这世界上拿去，那么所剩下来的经验与判断便不足以管理它了。

——〔美国〕福　特

在乡村出生长大的人，等于受了一部分最好的教育。

——〔美国〕奥尔柯特

历史使人贤明，诗造就气质高雅的人，数学使人高尚，自然哲学使人深沉，道德使人稳重，而伦理学和修辞学则使人善于争论。

——〔英国〕培　根

只见汪洋就以为没有陆地的人，不过是拙劣的探索者。

——〔英国〕培　根

为了要替自己煮蛋以致烧掉一幢房子而毫不后悔的人，乃是极端的利己主义者。

——〔英国〕培　根

人是一切的中心，世界的轴。

——〔英国〕培　根

天使为求与神同等的权力，而犯法堕落；人类为求知识与神同等，而触法堕落。

——〔英国〕培　根

一个人到处分心，就一处也得不到美满和结果。

——〔英国〕乔　叟

灵魂里没有音乐，或是听了甜蜜的乐声而不会感动的人，都是些擅长为非作恶、使奸弄诈的歹徒；他们的灵魂像黑夜一样昏沉，他们的感情像鬼魅一样幽暗，这种人是不可信任的。

——〔英国〕莎士比亚

穷困会使一个人丧失自尊心——叫一只空袋子站起来是很困难的。

——〔英国〕莎士比亚

老年人是第二次的儿童。

——〔英国〕莎士比亚

只有做了错事的人，才会心怀戒惧。

——〔英国〕莎士比亚

当今之世，谁若不趁自己未死之前，预先将墓志铭刻好，那么等到丧钟敲过，他的寡妇哭几声之后，谁也不会再记得他了。

——〔英国〕莎士比亚

有巨人的力气那是很好的，但若也像巨人一样使用它，那就残暴了。

——〔英国〕莎士比亚

建立丰功伟业的人，往往借助于最微弱者之手。

——〔英国〕莎士比亚

一个发怒的人，总是疏于自卫的。

——〔英国〕莎士比亚

没有受过伤害的人，才会讥笑别人身上的创痕。

——〔英国〕莎士比亚

最好的好人，都是犯过错误的过来人；一个人往往因为有一点点小的缺点，更显出他的可爱。

——〔英国〕莎士比亚

使人成为君子的并不是讲究的衣着。

——〔英国〕富　勒

从儿童时代看出成人，犹如从清晨看出一天。

——〔英国〕弥尔顿

最不愿意看的人，才是最严重的盲人。

——〔英国〕斯威夫特

每个人都渴望能活得长一些，但没有人愿意老。

——〔英国〕斯威夫特

正如水果不仅需要阳光，也需要凉爽的夜晚和寒冷的雨水才能使其成熟，人的性格的陶冶不仅需要欢乐，也需要考验和困难。

——〔英国〕布莱克

等级不过是货币的标志，而人是黄金。

——〔英国〕彭　斯

反对时尚的人，自己也是时尚的奴隶。

——〔英国〕史密斯

像水银一样的人物，在他的心胸中，简直不能奠定下一个人永久稳固的基础。

——〔英国〕拜 伦

人啊，你是微笑和眼泪之间的钟摆。

——〔英国〕拜 伦

富人和伟人的罪恶被错当作谬误，穷人和凡人的过失却被错当作犯罪。

——〔英国〕布莱辛顿

每个人都是管理他自己的皇帝。

——〔英国〕雪 莱

人类不是环境的动物，环境是人类的动物。

——〔英国〕迪斯累里

世上没有一件东西有如人那么伟大，在人之内没有一样东西有如人心那么伟大。

——〔英国〕哈密顿

明白事理的人，使自己去适应这个世界。不明事理的人，却在设法使世界适应自己。因此，所有的进步都要归功于不明事理的人。

——〔英国〕萧伯纳

当一个人想谋杀一只虎时，他说那是游戏；但当这只虎要残害他时，他便说那是残暴了。

——〔英国〕萧伯纳

你可知道，人类总是高估了自己所没有的东西的价值。

——〔英国〕萧伯纳

老年人什么都信，中年人什么都怀疑，青年人什么都知道。

——〔英国〕王尔德

老年的悲剧不在于一个人老了，而在于他不再年轻。

——〔英国〕王尔德

人类唯一的引导人，就是他的良心。

——〔英国〕丘吉尔

人的前途充满快乐，而且非常值得行走。但这只能有一次。

——〔英国〕丘吉尔

清醒的人胆小时会变成醉汉，勇敢的人喝醉时会变得很懦弱。

——〔英国〕切斯特顿

衡量一个人真正的为人，要看他在知道永远也不会被人发现的情况下做些什么。

——〔英国〕麦考莱

我们无法不变老，但是一个人可以抑制衰老。

——〔英国〕塞缪尔

最野蛮的是轻蔑自己。

——〔法国〕蒙　田

我要锻炼我的灵魂，甚于去装饰它。

——〔法国〕蒙　田

人很容易忘怀只有自己知道的过失。

——〔法国〕罗休夫柯

人喜欢忖度他人，却不喜欢他人忖度自己。

——〔法国〕罗休夫柯

年轻人因心血来潮而随意改变兴趣，老年人因习惯势力而竭力维护兴趣。

——〔法国〕罗休夫柯

了解人类的全体比较容易，但了解人类中的个人却很困难。

——〔法国〕罗休夫柯

人是为了思考才被创造出来的。

——〔法国〕帕斯卡

人类通常像狗，听到远远有狗吠，自己也吠叫一番。

——〔法国〕伏尔泰

要有所成就，要成为独立自持、始终如一的人，就必须言行一致，就必须坚持他应该采取的主张，毅然决然地坚持这个主张，并且一贯地实行这个主张。

——〔法国〕卢　梭

人不可孤立，孤立则危。

——〔法国〕狄德罗

做一个正直的人，就必须把灵魂的高尚与精神的明智结合起来。任何一个在自己身上结合了这两种不同的自然赠品的人，都是以公共利益作为行动指南的。这种利益是人类一切美德的原则，也是一切法律的基础。

——〔法国〕爱尔维修

什么话都说的人是什么事都不能的人。

——〔法国〕拿破仑

崇高的人和愚蠢的人之间，不过是一步之差而已。

——〔法国〕拿破仑

一个能思想的人，才真是一个力量无边的人。

——〔法国〕巴尔扎克

在做艺术家之前，先要做一个人。

——〔法国〕罗　丹

毫无弱点的人是可怕的，因为没有让人抓住弱点的空隙存在。

——〔法国〕法朗士

人既不是天使，也不是野兽，但他们却想学做天使与野兽。

——〔法国〕巴斯加

如果一个人被抛弃在一个孤岛上，他就不会专门为自己而去装饰他的小茅棚或是他自己，不会去寻花，更不会去栽花，用来装饰自己。只有在社会里，人才想到不仅要做一个人，而且要做一个按照人的标准来说是优秀的人。

——〔德国〕康　德

杰出的人处境总比别人更糟，因为我们既然无法跟他们相比，就总是把眼睛盯住他不放。

——〔德国〕歌　德

我们所有的人都或多或少乐于跟平庸者打交道，因为那会使我们心安理得，使我们产生一种与自己相同的人交往的舒适感觉。

——〔德国〕歌　德

人在社会中是能够求教别人的，但要得到灵感，却须处在孤独中。

——〔德国〕歌　德

人只要努力不倦，总难免犯错误。

——〔德国〕歌　德

年轻时，犯错误是无可厚非的事，不过，可不能延续到年老。

——〔德国〕歌　德

行为是一面镜子，在它面前，每一个人都显露出各自的真实面貌。

——〔德国〕歌　德

只有具备真才实学，既了解自己的力量又善于适当而谨慎地使用自己力量的人，才能在世俗事物中获得成功。

——〔德国〕歌　德

希望过多、喜欢错综复杂的人，通常处于昏迷的危险。

——〔德国〕歌　德

一个人不能永远做一个英雄，但一个人能永远做一个人。

——〔德国〕歌　德

人怎么能够认识他自己呢？通过观察是不可能的，必须通过行动。你去试验完成你的职责吧，你立刻就知道，你是怎样的人。

——〔德国〕歌　德

老年人失去人类最大的特权之一，是他不再受到他的同辈的评判。

——〔德国〕歌　德

你若要珍爱你自己的价值，你就得给世界创造价值。

——〔德国〕歌　德

傻瓜和聪明人都是同样无害的。最危险的是半傻不傻和半聪明不聪明的人。

——〔德国〕歌　德

无论谁，只要说一句谎话，他就失去了纯洁的心，而这样的一个人煮不出一碗干净的菜汤来。

——〔德国〕贝多芬

一个人最难堪的事莫过于被迫去为自己的失误而自咎。

——〔德国〕贝多芬

正义的人要能够自己遭受了不公平的对待而仍然丝毫不逸出正轨。

——〔德国〕贝多芬

人们不可以因为面对财富的损失就躲到贫穷里来保护自己，面对友谊的失去就逃入孤独无侣的情境中，也不因为孩子的死亡，就放弃生育；人们应当以理性来面对一切。

——〔德国〕贝多芬

一个志在有大成就的人，他必须如歌德所说，知道限制自己。

——〔德国〕黑格尔

为什么世上虽有镜子，但是人们不知道自己的样子。

——〔德国〕叔本华

看上去，人似乎被往前面拉，实际上，却是被从后面推的。

——〔德国〕叔本华

前四十年生活教给我们的是生命的正文，后三十年教给我们的则是对生命的注解。

——〔德国〕叔本华

人类最悲哀的错误，是愚蠢得不愿一顾自然赋予之礼物的价值，反而认为不可能到手的财富才是贵重的。

——〔德国〕海　涅

一切时髦的东西都会过时，所以倘若你追求时髦，那么你老了以后，就会变成一个谁也不肯信任、徒有外表的人。

——〔德国〕舒　曼

不学无术在任何时候、对任何人都无所帮助，也不会带来利益。

——〔德国〕马克思

人的价值蕴藏在人的才能之中。

——〔德国〕马克思

人的智力是按照人如何学会改造自然界而发展的。

——〔德国〕恩格斯

人是一根架在动物和超人之间的绳子，也就是深渊上方的绳索。走过去危险，停在中途也危险，回顾也危险，颤抖也危险，停住也危险。

——〔德国〕尼　采

一个人在他的野性中可以最有效地从他的非本性和他的精神性中复原。

——〔德国〕尼　采

一个人很少只犯一次轻率。第一次轻率中他总是做得过分。正因为如此，他往往又犯第二次轻率，但从此又做得不及。

——〔德国〕尼　采

一个人对社会的价值，首先取决于他的感情、思想和行动对增进人类利益有多大作用。

——〔德国〕爱因斯坦

人所具备的智力仅够使自己清楚地认识到，在大自然面前自己的智力是何等的欠缺。如果这种谦卑精神能为世人所共有，那么人类活动的世界就会更加具有吸引力。

——〔德国〕爱因斯坦

不管时代的潮流和社会的风尚怎样，人总可以凭着高贵的品质，超脱时代和社会，走自己正确的道路。

——〔德国〕爱因斯坦

最不了解自己的人，总认为自己最了不起。

——〔德国〕波　恩

人类的命运是受苦与死亡。

——〔希腊〕荷　马

世界上有许多伟大的东西，但是再也没有比人更伟大的了。

——〔希腊〕索福克勒斯

一个正直的人要经过长久的时间才看得出来，一个坏人只要一天就认得出来。

——〔希腊〕索福克勒斯

赞美好事是好的，但对坏事加以赞美则是一个骗子和奸诈的人的行为。

——〔希腊〕德谟克利特

人类是天生社会性动物。

——〔希腊〕亚里士多德

严肃的人模仿高尚的人的行动，轻浮的人则模仿卑劣的人的行动。

——〔希腊〕亚里士多德

坏人因畏惧而服从，好人因爱而服从。

——〔希腊〕亚里士多德

放纵自己的欲望是最大的祸害；谈论别人的隐私是最大的罪恶；不知自己的过失是最大的病痛。

——〔希腊〕亚里士多德

人，在最完美的时候是动物中的佼佼者，但是，当他与法律和正义隔绝以后，他便是动物中最坏的东西……他在动物中就是最不神圣的、最野蛮的。

——〔希腊〕亚里士多德

征服自己需要更大的勇气，其胜利也是所有胜利中最光荣的胜利。

——〔希腊〕柏拉图

人类似酒。劣酒愈陈愈酸，良酒愈陈愈香。

——〔罗马〕西塞罗

老年人有如历史与戏剧，可以作为我们生活的参考。

——〔罗马〕西塞罗

一个老年人，若除了他的年龄之外，便没有任何其他足以表示活得较久的东西，是一件最不体面的事。

———〔罗马〕塞涅卡

人类是理性动物。

———〔罗马〕塞涅卡

聪明人永远不拒绝需要的东西。

———〔罗马〕贺拉斯

别人认为你是哪一种人不要紧，要紧的是你到底是哪一种人。

———〔罗马〕贺拉斯

总是担惊受怕的人，我以为就是不自由的人。

———〔罗马〕贺拉斯

世界上没有一个人可以做自己的法官。

———〔罗马〕贺拉斯

那些不肯济弱扶贫者，当他跌倒时，也将无人加以援助。

———〔波斯〕萨　迪

测量一个人的力量大小，应看他的自制力如何。

———〔意大利〕但　丁

人并非以金钱为对象而生活，人的对象往往是人。

———〔俄国〕普希金

只有坚强的人才承认自己的错误，只有坚强的人才谦虚，只有坚强的人才宽恕——而且的确只有坚强的人才大笑，不过他的笑声常常近似眼泪。

——〔俄国〕赫尔岑

人的回忆颇似天国的炼狱，往事在回忆之中成为已经去掉愚昧无知的清明思想而复苏过来。

——〔俄国〕赫尔岑

脑子里只装满了自己，这种人正是那种最空虚的人。

——〔俄国〕莱蒙托夫

一个人的后半生完全是由他前半生养成的习惯构成的。

——〔俄国〕陀思妥耶夫斯基

人类是能立刻适应万物的动物。我认为这才是对人类的最高定义。

——〔俄国〕陀思妥耶夫斯基

最可怜的人不是那些有错误的思想方式的人们，而是那些没有任何一定的、彻底的思想方式的人们。

——〔俄国〕车尔尼雪夫斯基

一个人的活动，如果不是被高尚的思想所鼓舞，那它是无益的、渺小的。

——〔俄国〕车尔尼雪夫斯基

人类如河流。水在任何河流里都一样，到任何地方都不变。但是河既有细流，也有急流，还有大河、静流，有清有浊，有冷有暖。人类正是这样。

——〔俄国〕列夫·托尔斯泰

要尽可能做一个对祖国有用的人。要做个好人，并力求让谁也不知道你是个好人。

——〔俄国〕列夫·托尔斯泰

人并不是因为美丽才可爱，而是因为可爱才美丽。

——〔俄国〕列夫·托尔斯泰

只有使他看清他自己的为人，人才能变得更好。

——〔俄国〕契诃夫

人在智慧上应当是通达的，道德上应该是清白的，身体上应该是洁净的。

——〔俄国〕契诃夫

所谓"闲人"，是在于不自觉地专去听别人说的话，专去看别人做的事，那些工作忙碌的人，是不会这样的。

——〔俄国〕契诃夫

人最凶恶的敌人，就是他的意志力的薄弱和愚蠢。

——〔苏联〕高尔基

哪怕对自己的一点小小的克制，也会使人变得强而有力。

——〔苏联〕高尔基

最爱发牢骚的人就是没有能力反抗、不会或不愿工作的人。

——〔苏联〕高尔基

无论哪个时代，青年的特点总是怀抱着各种理想和幻想。这并不是什么毛病，而是一种宝贵的品质。

——〔苏联〕加里宁

失去财产的人损失很大，失去朋友的人损失更大，失去勇气的人损失一切。

——〔西班牙〕塞万提斯

没有一个没有理智的人能够接受理智。

——〔奥地利〕弗洛伊德

人的灵魂表现在他的事业上。

——〔挪威〕易卜生

人的第一天职是什么？答案很简单：做自己。

——〔挪威〕易卜生

人是一个初生的孩子，他的力量，就是生长的力量。

——〔印度〕泰戈尔

当人是兽时，他比兽还坏。

——〔印度〕泰戈尔

对人来说，最苦的莫过于战胜自己。

——〔日本〕大松博文

美貌无知的人难道不是一只具有羽毛之美的鹦鹉，或是一把藏着钝刀的金鞘？

——〔捷克〕夸美纽斯

须得学会敢于正视别人，学会应付艰辛的劳苦，不要畏缩。否则，他便会变成遁世的人、厌世的人，或是变成懒惰的人、碍事的人。

——〔捷克〕夸美纽斯

既无敌人又无朋友的人，一定是个既无才能又无力量的庸人。

——〔瑞士〕拉瓦特

追求被人尊敬的人是不值得受尊敬的。

——〔瑞典〕诺贝尔

人之有心，如树之有根，果之有核。

——刘　勰

人不可自恕，亦不可令人恕我。

——李　惺

人要为人，当思异于禽兽者何处；人要为圣贤，

· 149 ·

当思异于平庸者何在。

——程汉舒

中国的哲学家是一个睁着一只眼睛做梦的人；是一个用爱及温和的嘲讽来观察人生的人；是一个把他的玩世主义和慈和的宽容心混合起来的人；是一个有时由梦中醒来，有时又睡了过去的，在梦中比在醒时更觉得生气勃勃，因而在他清醒的生活中放进了梦意的人。

——林语堂

一个热诚的、优游自在的、无恐惧的人，是最能够享受人生理想性格的人。

——林语堂

一个人和命运挣扎，放弃了斗争，在事过境迁之后，悲剧才在回忆，徒然的后悔从渴望的洪流中产生出来。

——林语堂

人生不过是一瞬间的事

人生不过是一瞬间的事，不要在怀疑与恐惧中浪费生命。

——〔美国〕爱默生

我的人生哲学是工作，我要揭示大自然的奥秘，并以此为人类造福。我们在世的短暂一生中，我不知道还有什么比这种服务更好的了。

——〔美国〕爱迪生

没有比那些只顾自己鼻尖底下一点事情的人更可悲的了。

——〔美国〕罗斯福

人生是短促的，这句话应该促醒每一个人去进行一切他所想做的事。虽然勤勉不能保证一定成功，死亡可能摧折欣欣向荣的事业，但那些功业未遂的人，至少已有参加行伍的光荣，即使他未获胜，却也算战斗过。

——〔美国〕约翰逊

名人言

一切荣华富贵都不过是过眼烟云。

——〔美国〕巴　顿

人生如同道路，最近的捷径通常是最坏的路。

——〔英国〕培　根

在人生中最艰难的是选择。

——〔英国〕莫　尔

人生就是石材。要把它雕刻成神的姿态，或是雕刻成魔鬼的姿态，悉听各人的自由。

——〔英国〕斯宾塞

人的一生是短的，但如卑劣地过这短的一生，就太长了。

——〔英国〕莎士比亚

人生有如一块用善与恶的丝线交织成的布；我们的善行必须受我们过失的鞭挞，我们的罪恶却又赖我们的善行把它掩盖。

——〔英国〕莎士比亚

人生只不过是行走的影子而已，只不过是在舞台上轰动一时，终又默默无闻的可怜演员。

——〔英国〕莎士比亚

我将世界当成这样一个世界看待，也就是每个人都必须独自演出一个角色的大舞台。

——〔英国〕莎士比亚

一个人要是在他生命的盛年只知道吃吃睡睡，他还算什么东西？

——〔英国〕莎士比亚

人若是太幸运，则不知天高地厚，也不知自己能力究竟有多少；若是太不幸，则终其一生皆默默无名。

——〔英国〕富　勒

青年的朝气倘已消失，前进不已的好奇心在衰退以后，人生就没有意义了。

——〔英国〕穆　勒

人生应有两个目标：一个是把你所要的东西弄到手，另一个是把弄到手的东西加以享乐。然而懂得这第二个方法的人才是最聪明的。

——〔英国〕史密斯

人生是指我们若没有嗜好的话，便不过如同极度无聊、经营不善的剧院而已。

——〔英国〕斯蒂文生

人生有两个悲剧：一个是万念俱灰，另一个是踌躇满志。

——〔英国〕萧伯纳

人生是痛苦的。而两个人之间的唯一差异，只在各自品尝痛苦程度的差异而已。

——〔英国〕萧伯纳

人生不是一支短短的蜡烛，而是一支由我们暂时拿着的火炬，我们一定要把它烧得十分光明灿烂，然后交给下一代的人。

——〔英国〕萧伯纳

良善的人生是受爱所引动，受智慧所指引。

——〔英国〕罗　素

人生最难学的便是过哪座桥，烧哪座桥。

——〔英国〕罗　素

且用显微镜观察人生，它委实充满了令人毛骨悚然的恐怖。因此，我们才需要罗曼史。罗曼史会给我们精神上的粮食，是使我们向上的人生最大的力量。

——〔英国〕卓别林

假如我能重蹈这人生的话，我愿意重过我已经过过的生活。因为，我不后悔过去，也不恐惧将来。

——〔法国〕蒙　田

人生如梦……我们醒而睡着，睡而醒着。

——〔法国〕蒙　田

倘使没有自负的话，人生就索然无味了。

——〔法国〕罗休夫柯

人要是惧怕痛苦，惧怕种种疾病，惧怕不测的事情，惧怕生命的危险和死亡，他就会什么也不能忍受。

——〔法国〕卢　梭

每一种工作都蕴藏着无穷的乐趣，只是有些人不懂得怎样去发掘它们罢了。

——〔法国〕卢　梭

贤人哲士是绝不追求运气的。

——〔法国〕卢　梭

人生如河流，我从不怕逆水行舟。

——〔法国〕拿破仑

填饱胃，塞满肠，饱食终日，这当然也算人生的事，因为这就是动物性。然而人可以把自己的希求提得更高一些。

——〔法国〕雨　果

在很特殊的情况下，一个人才会成为圣人；但做个真正的人却是人生的正轨。

——〔法国〕雨　果

在人生的进口处，天真地竖立两根柱子，一根写上这样的文字：善良之路；另一根上则是这样的警告：罪恶之路。再对走到路口的人说：选择吧。

——〔法国〕大仲马

我一生的主要乐趣和唯一职责就是科学工作。对于科学工作的热心使我忘却或者赶走我日常的不适。

——〔法国〕达尔文

工作就是人生的价值、人生的欢乐，也是幸福之所在。

——〔法国〕罗　丹

人生在这里只有两分半钟的时间：一分钟微笑，一分钟叹息，半分钟爱，因为在爱的这分钟中间他死去了。

——〔法国〕左　拉

人的一生，既不是人们想象的那么好，也不是那么坏。

——〔法国〕莫泊桑

我们不得不饮食、睡眠、游览、恋爱，也就是说，我们不得不接触生活中最甜蜜的事情，不过我们必须不屈服于这些事物。

——〔法国〕居　里

人类经常把一个生涯发生的事，撰写成历史，再从那里看人生；其实，那不过是衣服，人生是内在的。

——〔法国〕罗曼·罗兰

人生是一场赌博。不管人生的赌博是得是损，只要该赌的肉尚剩一磅，我就会赌它。

——〔法国〕罗曼·罗兰

人生的一切都是用痛苦赚得的。在大自然中，任何幸福都是建立在废墟之上。最后，一切都归于废墟。但愿你能加以建筑。

——〔法国〕罗曼·罗兰

等到自私的幸福变成了人生唯一的目标之后，不久人生就会变得没有目标。

——〔法国〕罗曼·罗兰

从远处看，人生的不幸还很有诗意呢，一个人最怕庸庸碌碌地生活。

——〔法国〕罗曼·罗兰

我们应该不虚度一生，应该能够说："我已经做了我能做的事。"

——〔法国〕居里夫人

我们要把人生变成一个科学的梦，然后再把梦变成现实。

——〔法国〕居里夫人

我们的人生随着我们花费多少努力而具有多少价值。

——〔法国〕莫里亚克

人生是和未来一起被造成，正如肉体和空虚一并被造成一样。

——〔法国〕萨　特

人生重要的在于确立一个伟大的目标，并决心实现它。

——〔德国〕歌　德

谁若游戏人生，他就一事无成；谁不主宰自己，永远是一个奴隶。

——〔德国〕歌　德

生存就是做梦，贤明之举是愉快地做梦。

——〔德国〕席　勒

人生不过是一瞬间的事，死也是一霎那的事。

——〔德国〕席　勒

人生实如钟摆，在病苦和倦怠之间摆动。这二者就是人生的终极要素。

——〔德国〕叔本华

人生犹如一本书，愚蠢者草草翻过，聪明人细细阅读。

——〔德国〕保　罗

一个人活在世上，应该像一支两头点亮的蜡烛。

——〔德国〕卢森堡

不要努力成为一个成功者，要努力成为一个有价值的人。

——〔德国〕爱因斯坦

我所要做的只是以我微薄之力来为真理和正义服务，即使不为人所喜欢也在所不惜。

——〔德国〕爱因斯坦

一个人的真正价值，首先决定于他在什么程度上和在什么意义上从自我解放出来。

——〔德国〕爱因斯坦

人只有献身社会，才能找出那实际上是短暂而有风险的生命的意义。

——〔德国〕爱因斯坦

除了神以外，谁能够永远悠悠一生，没有痛苦？

——〔希腊〕埃斯库罗斯

人生最终的价值在于觉醒和思考的能力，而不只在于生存。

——〔希腊〕亚里士多德

重要的并非你忍受了什么，而是如何忍受。

——〔罗马〕塞涅卡

没有比人生更艰难的艺术，因为，其他的艺术或学问，到处都有教师。

——〔罗马〕塞涅卡

真正的人生，只有在经过艰难卓绝的斗争之后才能实现。

——〔罗马〕塞涅卡

能够使我漂浮于人生的泥沼中而不致陷污的，是我的信心。

——〔意大利〕但　丁

在人生的海洋上，最痛快的事是独断独航，但最悲惨的是回头无岸。

——〔意大利〕哥伦布

为真理而斗争是人生最大的乐趣。

——〔意大利〕布鲁诺

生命有如铁砧，愈被敲打，愈能发出火花。

——〔意大利〕伽利略

人生并不是以金钱为对象，因为我们的对象是人群。

——〔俄国〕普希金

人生最艰难的事，无非是不撒谎，同时不相信自己所说的谎话。

——〔俄国〕陀思妥耶夫斯基

人生是痛苦的，人生是恐怖的。因此，人是不幸的。然而，人现在却珍惜着人生。这是因为他受着痛苦和恐怖。

> ——〔俄国〕陀思妥耶夫斯基

人生不是一种享乐，而是一桩十分沉重的工作。

> ——〔俄国〕列夫·托尔斯泰

人生并非游戏，我们并没有权利只凭自己的意思放弃它。

> ——〔俄国〕列夫·托尔斯泰

人生唯有面临死亡，才会变得严肃，意义深长，真正丰富和快乐。

> ——〔俄国〕列夫·托尔斯泰

人所需要的不是三俄尺土地，也不是一个庄园，而是整个地球，整个大自然。在那广大的天地中，人才能尽情发挥他的自由精神的所有品格和特点。

> ——〔俄国〕契诃夫

我一向憎恶为自己的温饱打算的人。要紧的不是这个，人是高于这个的，人是高于温饱的。

> ——〔苏联〕高尔基

人最宝贵的是生命，生命属于人只有一次。人的一生应当这样度过：当他回首往事时，他不因虚度年华而悔恨，也不因碌碌无为而羞耻。这样，在临死的时候，他就能够说："我已把自己的整个生命和全部精力都献给了世界上最壮丽的事业——为全人类的解放而斗争。"

——〔苏联〕奥斯特洛夫斯基

请记住，奖赏永远不会成为我们工作和斗争所追求的目标。

——〔苏联〕奥斯特洛夫斯基

只为家庭活着，这是禽兽的私心；只为一个人活着，这是卑鄙；只为自己活着，这是耻辱。

——〔苏联〕奥斯特洛夫斯基

利己的人最先灭亡。他自己活着，并且为自己生活。如果他的这个"我"被损坏了，那他就无法生存了。

——〔苏联〕奥斯特洛夫斯基

人生就像弈棋，一步失误，全盘皆输，这是令人悲哀之事；而且人生还不如弈棋，不可能再来一局，也不能悔棋。

——〔奥地利〕弗洛伊德

人生虽只有几十春秋，但它绝不是梦一般的幻域，而是有着无穷可歌可泣的深长意义的，附和真理，生命便会得到永生。

——〔印度〕泰戈尔

有勇气在自己生活中尝试解决人生新问题的人，正是那些使社会臻于伟大的人。那些仅仅循规蹈矩过活的人，并不是在使社会进步，只是在使社会得以维持下去。

——〔印度〕泰戈尔

人的一生是背负重荷涉足远路，不可操之过急。

——〔日本〕德川家康

人生是真实的，它置一切怀疑于不顾。因为人生不是单纯的存在，人生具有能动性，人生能够创造。

——〔日本〕三木清

人生好像一盒火柴，严禁使用是愚蠢的，滥用则是危险的。

——〔日本〕芥川龙之介

人生贵有阅历，阅历是要人能惩前毖后改过向善。能做到这样，到老了便能平安幸福。

——〔瑞士〕裴斯泰洛齐

人生是一手拿着幸福的黄金之冠，另一手拿着痛苦的铁冠。人生所爱好的，是同时交予这两样冠冕。

——〔瑞典〕爱伦·凯

人生是一趟巡礼的旅程。人的一生有许多苦难。然而，我们在这人生的大海里，借神的使者、爱的天使获得慰藉。但可别忘记，神透过人生那些平凡的事物，教你更高深的事物。

——〔荷兰〕凡　高

人有悲欢离合，月有阴晴圆缺，此事古难全。

——苏　轼

人生到处知何似，应似飞鸿踏雪泥。泥上偶然留指爪，鸿飞哪复计东西。

——苏　轼

悟人世，正类春蚕，自相缠缚。

——辛弃疾

人生自古谁无死，留取丹心照汗青。

——文天祥

人生由来不满百，安得朝夕事隐忧。

——于　谦

人生富贵驹过隙，唯有荣名寿金石。

——顾炎武

千教万教，教人求真。千学万学，学做真人。

——陶行知

上人生的旅途吧。前途很远，也很暗。然而不要怕。不怕的人的面前才有路。

——鲁　迅

人生本来就是一种较广义的艺术，每个人的生命史就是他自己的作品。

——朱光潜

做人也要像蜡烛一样，在有限的一生中有一分热发一分光，给人以光明，给人以温暖。

——萧楚女

团结就有力量和智慧

把自己的缺点告诉你的朋友是莫大的信任，把他的缺点告诉他是更大的信任。

——〔美国〕富兰克林

朋友的眼睛，是一面明镜。

——〔美国〕富兰克林

使你自己成为别人所需要的人。

——〔美国〕爱默生

要想有朋友，自己必须先够朋友。

——〔美国〕爱默生

我们是以感觉自己有能力做些什么事判断自己；而别人却以我们已经做成了些什么事判断我们。

——〔美国〕朗费罗

要想真正了解一个人，必须多方面去考验。

——〔美国〕林　肯

藐视别人就是藐视你自己。

——〔美国〕惠特曼

对人不尊敬，首先就是对自己的不尊敬。

——〔美国〕惠特曼

让别人替你吹号，声音可以传得加倍远。

——〔美国〕罗杰斯

鼓励自己的最好的办法，就是鼓励别人。

——〔美国〕马克·吐温

一个被人称为自私自利的人，并不只是因为他寻求自己的利益，而是在于他经常忽略了别人的利益。

——〔美国〕邓　肯

了解就是宽恕。

——〔美国〕卡耐基

只有不够聪明的人才批评、指责和抱怨别人。但是，善解人意和宽恕他人，需要修养和自制的功夫。

——〔美国〕卡耐基

要首先引起别人的渴望。凡能这么做的人，世人必与他在一起。这种人永不寂寞。

——〔美国〕卡耐基

天底下只有一个方法可以影响人，就是提到他们的需要，并且让他们知道怎么去获得。

——〔美国〕卡耐基

要使别人喜欢你，首先你得改变对人的态度，把精神放得轻松一点，表情自然，笑容可掬，这样别人就会对你产生喜爱的感觉。

——〔美国〕卡耐基

取悦于人并不困难，问题只是你是否能够了解别人的喜怒心理。

——〔美国〕卡耐基

老木柴最好烧，老酒最好喝，老作家的著作最值得读，老朋友最可靠。

——〔英国〕培　根

一个人能顺从别人当然很好，但必须表明这是出于对他的尊敬，而非唯命是从。

——〔英国〕培　根

对众人一视同仁，对少数人推心置腹，对任何人不亏负。要有能力抗衡你的敌人，但不要炫耀你的能力。对朋友应该开诚相与。宁可因寡言为人所责，不要因多言为人嗔怪。

——〔英国〕莎士比亚

信任少数人，不害任何人，爱所有的人。

——〔英国〕莎士比亚

多听，少说，接受每一个人的责难，但要保留你的最后裁决。

——〔英国〕莎士比亚

　　了解的目的有二：一是增加我们本身的知识；二是使我们能将那知识传给别人。

　　　　　　　　　　——〔英国〕洛　克

　　哪里有拍马的人，哪里就有傻瓜。

　　　　　　　　　　——〔英国〕艾迪生

　　要替别人寻找借口，但千万不要替自己找借口。

　　　　　　　　　　——〔英国〕艾迪生

　　向人忠告并不难，接受忠告而善加活用，那才难。

　　　　　　　　　　——〔英国〕柯林斯

　　一个人对任何人都称赞，其实对任何人都不称赞。

　　　　　　　　　　——〔英国〕约翰生

　　团结就有力量和智慧，没有诚意实行平等或平等不充分，就不可能有持久而真诚的团结。

　　　　　　　　　　——〔英国〕欧　文

　　当一个人能了解别人的痛苦时，他自己也必是已经饱尝痛苦的人。

　　　　　　　　　　——〔英国〕拜　伦

　　趋炎附势的人，不可与其共患难。

　　　　　　　　　　——〔英国〕拜　伦

坦率是批评的最灿烂的宝石。

——〔英国〕迪斯累里

大家在穿着漂亮高贵的衣服时，就有善良的精神和舒服的情绪。但是，这却是不值得信任的。

——〔英国〕狄更斯

自夸得越厉害，别人怀疑得也越厉害。

——〔英国〕哈　代

要提防完全让你一个人讲话的家伙。

——〔英国〕哈伯特

最好的人也有很多坏处，最坏的人也有很多好处；我们最好不说人长短。

——〔英国〕斯蒂文生

撒谎所受的惩罚，不仅是别人不相信你，同时你也无法信任别人。

——〔英国〕萧伯纳

会的人做，不会的人教人。

——〔英国〕萧伯纳

人类对于选择自己的敌人，未免太过于粗心了。

——〔英国〕王尔德

建立外交关系不是为了表达敬意，而是为了得到方便。

——〔英国〕丘吉尔

经常谈论自己的人常受损。自责往往被人信以为真，自夸绝不会被人相信。

——〔法国〕蒙　田

沉默较之言不由衷的话更有益于社交。

——〔法国〕蒙　田

怀疑朋友比被朋友怀疑更为可耻。

——〔法国〕罗休夫柯

以为没有别人自己什么都行的人，是非常错误的；以为没有自己别人什么都不行的人，那就更加错误。

——〔法国〕罗休夫柯

不喜欢任何人的人，要比任何人都不喜欢的人更加不幸得多。

——〔法国〕罗休夫柯

如果我们自身毫无缺点的话，就不会以如此大的兴趣去注意别人的缺点。

——〔法国〕罗休夫柯

明了事理的人，觉得去顺从一个头脑错误的人，比去矫正他的错误容易得多。

——〔法国〕罗休夫柯

若不团结，任何力量都是弱小的。

——〔法国〕拉·封丹

如果所有人都知道他们彼此所说的对方是什么，那么全世界就不会有四个朋友。

——〔法国〕帕斯卡

你期盼世人对你有好的评论吗？如是这样，你就别说自己的好话。

——〔法国〕帕斯卡

个人利益永远包括在公共利益之中，要想和公共利益分离，等于自趋灭亡。

——〔法国〕孟德斯鸠

最困难的技术，并不在于选择人，而是对所选择的人拥有的东西赋予各种价值。

——〔法国〕拿破仑

单独一个人可能灭亡的地方，两个人在一起可能得救。

——〔法国〕巴尔扎克

要把阳光散布到别人心里，先得自己心里有阳光。

——〔法国〕罗曼·罗兰

智慧、友爱，这是照亮我们的黑夜的唯一光亮。

——〔法国〕罗曼·罗兰

到月亮上去不算太远，我们要走的最大的距离还是在我们之间。

——〔法国〕戴高乐

人不能孤独地生活，他需要社会。

——〔德国〕歌　德

事实上我们全都是些集体性人物，不管我们愿意把自己摆在什么地方。

——〔德国〕歌　德

宁可被友欺，不可欺友。

——〔德国〕歌　德

尊敬伟大人物的最好的方法，莫过于把他的缺点就像他的美德一样仔细认真地揭示出来。

——〔德国〕海　涅

你希望别人怎样对待自己，你就应该怎样对待别人。

——〔德国〕马克思

你自助，然后人人助你，这是邻里之间互爱的原则。

——〔德国〕尼　采

谁要是蔑视周围的人，谁就永远不会是伟大的人。

——〔德国〕左伊默

亲密会产生轻蔑。

——〔希腊〕伊　索

那些背叛同伴的人，常常不知不觉地把自己也一起毁灭了。

——〔希腊〕伊　索

一致是强有力的，而纷争易于被征服。

——〔希腊〕伊　索

喜欢斥责别人的人，不是交朋友的材料。

——〔希腊〕德谟克利特

若要抑制自己愤怒，可在别人生气时静静地加以观察。

——〔罗马〕塞涅卡

不相信任何人和相信任何人，同样都是错误的。

——〔罗马〕塞涅卡

请朋友做的事，以名誉为界限；为朋友做的事，亦以名誉为限。

——〔罗马〕西塞罗

受惠的人，必须把那恩惠常藏心底，但是施恩的人则不可记住它。

——〔罗马〕西塞罗

人世间没有比互相竭尽全心、互相尽力照料更加快乐的了。

——〔罗马〕西塞罗

接受劝告的人很多，但只有聪明人才得到它的裨益。

——〔罗马〕贺拉斯

劝告朋友要在无人地方，赞扬朋友可在人多场合。

——〔罗马〕贺拉斯

对朋友应视其有一天可能变成你的敌人，对敌人应视其有一天可能变成你的朋友。

——〔罗马〕贺拉斯

你在两个仇人之间说话要有分寸，以免他们和好后你将无地自容。

——〔波斯〕萨　迪

谁若想在困厄时得到援助，就应在平日待人以宽。

——〔波斯〕萨　迪

敌人的判断时常比朋友的判断更适当些，更有用些。

——〔意大利〕达·芬奇

在你有权力有名望的时候，卑鄙的人是不敢抬起嫉妒的眼睛看你一眼的；然而，到了你一落千丈的时候，显示最大的毒辣的就是他们。

——〔俄国〕克雷洛夫

当你批评比你强的人时，不要徒费心思吹毛求疵，而要看到他们的伟大、坚强和聪明的地方；如果可能，还要向他们学习，赶上他们的各种各样的高度成就。

——〔俄国〕克雷洛夫

不研究自身，就不能深刻了解别人。

——〔俄国〕车尔尼雪夫斯基

个人离开社会不可能得到幸福，正如植物离开土地而被扔到荒漠上不可能生存一样。

——〔俄国〕列夫·托尔斯泰

意见和感情的相同，比之接触更能把两个人结合在一起，两个人尽管隔得很远，却也很接近。

——〔俄国〕柴可夫斯基

不是血肉的联系，而是情感和精神的相通，使一个人有权利去援助另一个人。

——〔俄国〕柴可夫斯基

要了解一个人，应当设身处地，应当感受他的痛苦和欢乐。

——〔俄国〕皮萨列夫

求人帮助的时候，求穷人比求富人容易。

——〔俄国〕契诃夫

别人的罪孽不能使你变成一个圣人。

——〔俄国〕契诃夫

你要记得，永远要愉快地多给别人，少从别人那里拿取。

——〔苏联〕高尔基

对于打耳光式的批评应予以坚决的反击，而把培养的、教育性的批评提到第一位。

——〔苏联〕法捷耶夫

待君子宜宽，防小人宜严。

——〔西班牙〕塞万提斯

真正的朋友太少，言行不一的朋友太多。他们只是语言上的君子、行动上的矮子，像月亮那样，时而亏缺，时而满。我们只得宣布，把他们看成是还没有用上就知道其价值的货币吧！

——〔西班牙〕克维多

一场争论可能是两个心思之间的捷径。

——〔黎巴嫩〕纪伯伦

良药苦口，唯疾者能甘之；忠言逆耳，唯达者能受之。

——陈 寿

一忍可以支百勇，一静可以制百动。

——苏 洵

近朱者赤，近墨者黑。

——傅　玄

物忌全盛，事忌全美，人忌全名。

——吕　坤

任难任之事，要有力而无气；处难处之人，要有知而无言。

——吕　坤

大丈夫行事，论是非，不论利害；论顺逆，不论成败；论万世，不论一生。

——黄宗羲

不轻进人，即异日不轻退人之本；不妄亲人，即异日不妄疏人之本。

——曾国藩

明有二端：人见其近，吾见其远，曰高明；人见其粗，吾见其细，曰精明。高明由于天分，精明由于学问。能明而断，谓之英断；不明而断，谓之武断。武断自己之事，为害尤浅；武断他人之事，招怨实深。唯谦退而不肯轻断，最足养福。

——曾国藩

事后论人，局外论人，是学者大病。

——魏　禧

与君子以情，与小人以貌，与平居以礼，与下人以恩。

——焦澹圆

谦固美德，过谦者多诈；默为懿行，过默者藏奸。交际间不可不察。

——陶　觉

做人须带一分憨、一分痴。不憨不能犯大难，不痴无以处浊世。凡患得患失之人，正是太聪明耳。

——陶　觉

人用刚，吾以柔胜之；人用术，吾以诚感之；人使气，吾以理屈之。天下无难处之事矣。

——高道淳

处事最当熟思缓处。熟思则得其情，缓处则得其当。

——薛　瑄

做生命的主宰

虽然我们总是叹息生命的短促，但我们在每个阶段都盼望它的终结。儿童时期盼望成年，成年盼望成家，之后又想发财，继之又希望获得名誉地位，最后又想归隐。

——〔美国〕爱迪生

生命是真实的，生命是诚挚的，坟墓不是它的终点。

——〔美国〕朗费罗

当我活着的时候，我要做生命的主宰，而不做它的奴隶。

——〔美国〕惠特曼

我们生命的一半就用于想办法找事情做，以打发匆忙的生活节省下来的时间。

——〔美国〕罗杰斯

生命的最大用处是将其用在某件能比生命更长久的事物上。

——〔美国〕詹姆斯

生与死是无法抗拒的，我们只能享受两者间的一段时光。死亡的黑暗景幕将衬托出生命的光彩。

——〔美国〕桑塔亚娜

凡是使生命扩大而又使心灵健全的一切便是善良的；凡是使生命缩减而又加以危害和压榨的一切便是坏的。

——〔美国〕杰克·伦敦

有时我想，要是人们把活着的每一天都看作是生命的最后一天该有多好啊！这就更能显示出生命的价值。如果认为岁月还相当漫长，我们的每一天就不会过得那样有意义有朝气，我们对生活就不会总是充满热情。

——〔美国〕海伦·凯勒

可怕的不是死而是生。

——〔美国〕约翰逊

复仇可使人击退死亡；忧伤恐惧则使人奔向死亡。

——〔英国〕培　根

懦夫一生数死，丈夫只死一遭。

——〔英国〕莎士比亚

生命不过只是一个行走的影子。

——〔英国〕莎士比亚

为了惧怕可能发生的祸患而结束了自己的生命，是一件懦弱卑劣的行为。

——〔英国〕莎士比亚

所有人的生命都是一部历史。

——〔英国〕莎士比亚

生存还是毁灭，这是一个值得考虑的问题。默默忍受命运暴虐的毒箭或是挺身反抗人世无涯的苦难，通过斗争把它们扫清，这两种行为，哪一种更高贵？……这不能不使我们踌躇顾虑。

——〔英国〕莎士比亚

死亡是造物者为人类安排的一种自然的、需要的、普遍的灾害。

——〔英国〕斯威夫特

光辉的一生中忙碌的一小时，抵得上无所作为的一个时代。

——〔英国〕司各特

死亡是那些自由不能解救的人的解脱者；是药物不能医治的病人的医师；是时间不能释怀的人的慰藉。

——〔英国〕科尔顿

死会引人哭泣。虽则如此，人生的三分之一却在睡眠中打发掉了。

——〔英国〕拜　伦

所有的悲剧是以死结束，所有的余兴是以结婚落幕。

——〔英国〕拜　伦

我誓必正直、明慧、自由，只要我具有此种力量，我誓不与自私者、权势者为伍共谋害人之事，而且我必加以抨击。我誓必将我整个生命贡献于美的崇拜。

——〔英国〕雪　莱

我不知道灵魂是不是不灭，不过我却知道每天都有新的生命诞生。

——〔英国〕卡莱尔

我愿意相信不死。我希望永远活着。

——〔英国〕济　慈

一旦一个人没完没了地谈自己的往事，这就表明他该从这个世界退休了。

——〔英国〕迪斯累里

当一个人内心开始斗争时，生存就有了价值。

——〔英国〕勃朗宁

我们得到生命的时候带有一个不可缺少的条件：

·183·

我们应当勇敢地保护它一直到最后一分钟。

——〔英国〕狄更斯

不知道几时应该死的人，就不知道几时应该生。

——〔英国〕罗斯金

生的人远比死的人更需要完善。

——〔英国〕阿诺德

生使一切人站在一条水平线上，死使卓越的人露出头角来。

——〔英国〕萧伯纳

我希望世界在我去世的时候要比我出生的时候更美好。

——〔英国〕萧伯纳

生命，男人对它了解得太早，女人则认识得太迟。

——〔英国〕王尔德

在了解什么是生命之前，我们已将它消磨了一半了。

——〔英国〕哈伯特

在死后不活在人们心里的人，等于没有活过。

——〔英国〕哈伯特

生活充满激情，死亡充满爱和谦恭。

　　　　　——〔法国〕蒙　田

　　即使拥有世界上所有的东西，也不能换来人的生命。

　　　　　——〔法国〕蒙　田

　　我们因担忧死而乱了生，因担忧生而乱了死。

　　　　　——〔法国〕蒙　田

　　生命的价值不在于活了多少天，而在于我们如何使用这些日子。

　　　　　——〔法国〕蒙　田

　　到达一个终点总比停留在半途中好，生活的行动也是如此，常常不容许自己有半点迟疑。

　　　　　——〔法国〕笛卡儿

　　人生的本质在于运动，安谧宁静就是死亡。

　　　　　——〔法国〕帕斯卡

　　能把自己的生命寄托于他人记忆中，生命仿佛就加长了一些；光荣是我们获得的新生命，其可珍可贵，实不下于天赋的生命。

　　　　　——〔法国〕孟德斯鸠

　　死者之光荣不在于受时人之赞美，而在于为后人所效法。

　　　　　——〔法国〕孟德斯鸠

假如我们不知道我们必然会死一次的话，维持生命当是很不合算的工作。

——〔法国〕卢　梭

有人可能一百岁时走向坟墓，但是他生下来就已经死亡。

——〔法国〕卢　梭

一个人抛弃了自己，便贬低了自己的存在；抛弃了生命，便完全消灭了自己的存在。

——〔法国〕卢　梭

活着的士兵，要远比死了的皇帝更有价值。

——〔法国〕拿破仑

生命是无止境的，不能仅以年龄去衡量；有些人在瞬间过了一生，有些人则在朝夕之间突然衰老。

——〔法国〕拿破仑

生命是一个需要解决的疑团，是一个需要回答的问题，或者是一个需要探测的奥秘；总之，它是一个值得追求的冒险。

——〔法国〕拿破仑

人生命的大部分是致力于从心灵深处来拔掉自己的青年时代的幼芽。这种手术叫作经验和获得。

——〔法国〕巴尔扎克

一切关于死的苦闷，对于强者无疑是猛烈的鞭

· 186 ·

挞，把求生的力量刺激得更活泼了。

——〔法国〕罗曼·罗兰

让我们最接近已故的人的最确实之道，并不是死，而是生。他们借着我们的生而生，我们的死而死。

——〔法国〕罗曼·罗兰

虽然人人都企求得很多，所需要的却是微乎其微。因为人生是短暂的，人的命运是很有限的。

——〔德国〕歌　德

在生命的冬季里，我的须发灰白了，生命也活够了，那时，我希望自己有这样的幸福——我的安息和冬季时自然的安息一样，是荣耀的，是有裨益于人的。

——〔德国〕贝多芬

只有在以有价值的东西做目的时，生命才有一种价值。

——〔德国〕黑格尔

没有人生活在过去，也没有人生活在未来，现在是生命确实占有的唯一形态。

——〔德国〕叔本华

生命会给你所要的东西，只要你不断地向它要，只要你在要的时候讲得清楚。

——〔德国〕爱因斯坦

只有为别人而活的生命才是值得的。

——〔德国〕爱因斯坦

生命是各种财宝最高之物。而最高之恶便是死。

——〔德国〕海　涅

隆重的葬礼不过是活着的人的一种虚荣。

——〔希腊〕欧里庇得斯

坏人活着是为了吃与喝，而好人却是为了活着才吃与喝。

——〔希腊〕苏格拉底

对于认识到死并不可怕的人，生活中就不会有可怕的东西。

——〔希腊〕伊壁鸠鲁

贤者既不厌恶生存，也不畏惧死亡，既不把生存看成坏事，也不把死亡看成灾难。贤者对于生命，正如同他对于食品那样，并不是单单选多的，而是选最精美的；同样的，他享受时间也不是单单度量它是否长远，而是度量它是否最合意。

——〔希腊〕伊壁鸠鲁

只要你善于利用，生命就是长的。

——〔罗马〕塞涅卡

了解生命真谛的人，可以使短促的生命延长。

——〔罗马〕西塞罗

死者的生命存在于活着的人的心中。

——〔罗马〕西塞罗

大自然赋予我们生命的贷款，没有确定偿还的日期。倘若自然在其愿意的时候收回贷款，人们有什么可抱怨的呢？

——〔罗马〕西塞罗

管命运的女神，她的脾气的确跟影子一模一样。一个人，整天拼命追求着命运女神，巴望交上好运，结果他的辛劳是白费的。另外一个人，仿佛是跟命运女神背道而驰，结果却大为不然，命运女神自己紧紧地追求着他，叫他加倍地交上好运。

——〔俄国〕克雷洛夫

有一种人，他老想重新生活，可是却没有觉察到，那扇愈走愈近慢慢打开的大门，不是斗士进到竞技场的门，而是抬着他的尸体进去的那扇门了。

——〔俄国〕赫尔岑

人恐惧死亡，那是因为爱惜生存的缘故。

——〔俄国〕陀思妥耶夫斯基

死，是将我们所有的秘密、阴谋、奸诈的面纱揭开的东西。

———〔俄国〕陀思妥耶夫斯基

我们的生命是属于历史的，几百年后，我们的名字还会使人们感到亲切。虽然，那时我们的同时代人已经不在世了，但人们还会怀着感激的心情回想起我们的名字。

———〔俄国〕车尔尼雪夫斯基

生和死对天才都是一样的。

———〔俄国〕列夫·托尔斯泰

科学需要一个人贡献毕生的精力，假定你们每个人有两次生命，这对你们来说也还是不够的。

———〔俄国〕巴甫洛夫

死是可怕的，但是你若有长生不老和决计不死的意识，那才更可怕！

———〔俄国〕契诃夫

我的一生所主张的，就是对生活、对人们必须持积极的态度。

———〔苏联〕高尔基

生命，那是自然付给人类去雕琢的宝石。

———〔瑞典〕诺贝尔

我是世界的公民，应为人类而生。

———〔瑞典〕诺贝尔

只要有生命，就会有希望。

——〔西班牙〕塞万提斯

每一个生命都有责任，我们的过咎，不在于所为之恶，而在于未行之善。

——〔挪威〕易卜生

人不是根本不相信自己的死，就是在无意识中确信自己不死。

——〔奥地利〕弗洛伊德

生命赐给我们，我们必须奉献生命，才能获得生命。

——〔印度〕泰戈尔

使生如夏花之绚烂，死如秋叶之静美。

——〔印度〕泰戈尔

生由死而来。麦子为了萌芽，它的种子必须要死了才行。

——〔印度〕甘　地

研究死者的生命并不比研究生者的生命在理论上更难。死是一种观念。

——〔日本〕三木清

在人间的欢乐中，在完成了他对人间的任务以后，没有丝毫苦痛地结束了——死，也是幸运的。

——〔丹麦〕安徒生

生命用时间来计算，生命的价值用贡献计算。从物质的消耗中谋求欢乐，才是人生真正的悲哀。

——〔匈牙利〕裴多菲

死亡和老人的距离并不比和婴儿的距离更近，生命也是如此。

——〔黎巴嫩〕纪伯伦

懦夫失去了比自己生命更多的东西。他虽生犹死，因为他被集体所摈弃。

——〔捷克〕伏契克

生当做人杰，死亦为鬼雄。

——李清照

死者倘不埋在活人的心中，那就真真死掉了。

——鲁　迅

青春是美妙的

青春是多么美丽！发光发热，充满了彩色与幻梦，是书的第一章，是永无终结的故事。

——〔美国〕朗费罗

凡是希望荣誉而舒适地度过晚年的人，他必须在年轻时想到有一天会衰老；这样，在年老时，他也会记得曾有过年轻。

——〔美国〕爱迪生

真诚个性的基石，若不在青年时代稳固地奠定，以后那基石上必将永远有一个脆弱之点。

——〔美国〕戴维斯

有经验的老人执事令人放心，而青年人的干劲则鼓舞人心。如果说，老人的经验是可贵的，那么青年人的纯真则是崇高的。

——〔英国〕培　根

一个正在顺着生活规律挺进的青年，首先应注意自己的才能和愿望与事业相衡。

——〔英国〕培　根

青年人比较适合发明，而不适合判断；适合执行，而不适合磋商；适合新的计划，而不适合固定的职业。

——〔英国〕培　根

一个人如果没有浪费半点时间，那么，他的年纪虽然很轻，但也可算是活得很久的了。

——〔英国〕培　根

青春是一个短暂的美梦，当你醒来时，它早已消失无踪。

——〔英国〕莎士比亚

青春是不耐久藏的东西。

——〔英国〕莎士比亚

青年人的才能是发明，老年人的才能是判断。

——〔英国〕斯威夫特

应当教诲年轻人，鲁莽地、无所保留地步入社会，希望人们普遍地忠诚和公正；这像是一条没有舵的船去渡过宽阔的大海，希望每一阵风都是顺风，每一处海岸都会提供港口。

——〔英国〕约翰生

青春的朝气倘已消失，前进不已的好奇心已衰退以后，人生就没有意义。

——〔英国〕穆　勒

少年时期的放浪是晚年的汇票，大约在三十年后，即可加上利息支付。

——〔英国〕科尔顿

青年人满身都是精力，正像春天的河水一样丰富。

——〔英国〕拜　伦

乐观的人永葆青春。

——〔英国〕拜　伦

百日莫空过，青春不再来。

——〔英国〕拜　伦

过去属于死神，未来属于你自己。趁未来还属于你自己的时候，抓住它吧！不要专心懊悔早已过去的事情来糟蹋自己，而要在目前所能做到的事情上努力吧！

——〔英国〕雪　莱

希望你们年轻的一代，也能像蜡烛为人照明那样，有一分热，发一分光，忠诚而踏实地为人类伟大的事业贡献自己的力量。

——〔英国〕法拉第

青年时犯错误，成年时同错误进行斗争，老年时为错误而惋惜。

——〔英国〕迪斯累里

青春时期的任何事都是实验。

——〔英国〕斯蒂文生

青春是美妙的，挥霍青春就是犯罪。

——〔英国〕萧伯纳

青年是掌握智慧的时期，老年是运用智慧的时期。

——〔法国〕卢　梭

一个人只要他有纯洁的心灵，无愁无恨，他的青春时期定可因此而延长。

——〔法国〕司汤达

谁虚度年华，青春就要褪色，生命就会抛弃他们。

——〔法国〕雨　果

你们这些生在今日的人，你们这些青年，现在要轮到你们了！踏着我们的身体向前进吧。但愿你们比我们更伟大、更幸福。

——〔法国〕罗曼·罗兰

要做一番伟大的事业，总得在青年时代开始。

——〔德国〕歌　德

创造一切非凡事物的那种神圣的爽朗精神总是同青年时代和创造力联系在一起的。

——〔德国〕歌　德

青年时代的毛病不要留到老年，因为老年还会有自己的缺点。

——〔德国〕歌　德

想要成就大事业，要在青春的时候着手。

——〔德国〕康　德

精力充沛的青春，不轻易消亡。

——〔德国〕卡罗萨

春天是自然界一年里的新生季节；而人生的新生季节，就是一生只有一度的青春。

——〔罗马〕西塞罗

一个人不论活多大年纪，最初的二十年是他一生中最长的一半。

——〔波斯〕萨　迪

青春之所以幸福，就因为它有前途。

——〔俄国〕果戈理

青春在人的一生中只有一次，而青春时期比任何时期都最强盛美好。因此千万不要使自己的精神僵化，而要把青春保持永远。

——〔俄国〕别林斯基

啊，青春，青春！或许你美妙的全部奥秘不在于能够做出一切，而在于希望做出一切。

——〔俄国〕屠格涅夫

生活赋予我们一种巨大的和无限高贵的礼品，这就是青春，充满着力量，充满着期待、志愿，充满着求知和斗争的志向，充满着希望、信心的青春。

——〔苏联〕奥斯特洛夫斯基

让老年人的智慧来指导青年人的朝气，让青年人的朝气来支持老年人的智慧。

——〔苏联〕斯坦尼斯拉夫斯基

青春是有限的，智慧是无穷的，趁短短的青春，去学习无穷的智慧。

——〔苏联〕高尔基

要爱惜自己的青春！世界上没有再比青春更美好的了，没有再比青春更珍贵的了！青春就像黄金，你想做成什么，就能成为什么。

——〔苏联〕高尔基

我们的青年是一种正在不断成长、不断上升的力量，他们的使命是根据历史的逻辑来创造新的生活方式和生活条件。

——〔苏联〕高尔基

青春是一个普通的名称，它是幸福美好的，但它也充满着艰苦的磨炼。

——〔苏联〕高尔基

无论哪个时代，青年的特点总是怀抱着各种理想和幻想。这并不是什么毛病，而是一种宝贵的品质。

——〔苏联〕加里宁

青年是一个美好的而又是一去不可再得的时期，是将来一切光明和幸福的开端。

——〔苏联〕加里宁

青春时种下什么，老年时就收获什么。

——〔挪威〕易卜生

少壮轻年月，迟暮惜光辉。

——何　逊

青春须早为，岂能长少年。

——孟　郊

少壮及时宜努力，老大无堪还可憎。

——欧阳修

青春岂不惜，行乐非所欲。

——文天祥

题诗寄汝非无意，莫负青春取自惭。

——于　谦

百金买骏马，千金买美人，万金买高爵，何处买青春？

——屈　复

青年之文明，奋斗之文明也，与境遇奋斗，与时代奋斗，与经验奋斗。故青年者，人生之玉，人生之春，人生之华也。

——李大钊

青年啊！你们临开始活动以前，应该定定方向。比如航海远行的人，必先定个目的地，中途的指针总是指着这个方向走，才能有达到那目的地的一天。若是方向不定，随风飘转，恐怕永无达到的日子。

——李大钊

为世界进文明，为人类造幸福，以青年之我，创建青春之家庭，青春之国家，青春之民族，青春之人类，青春之地球，青春之宇宙，资以乐其无涯之生。

——李大钊

一个人有无成就，决定于他青年时期是不是有志气。

——谢觉哉

健康是人生的第一财富

健康是智慧的条件，是愉快的标志。

——〔美国〕爱默生

健康是人生的第一财富。

——〔美国〕爱默生

健康才算是最廉价的宝物，贵族焉能算是价廉物美的东西？

——〔美国〕惠特曼

保持健康，这是对自己的义务，甚至也是对社会的义务。

——〔美国〕富兰克林

早眠早起，使人健康、富有、明智。

——〔美国〕富兰克林

饮食节制常常使人头脑清醒，思想敏捷。

——〔美国〕富兰克林

懒惰，像生锈一样，比操劳更能消耗身体，经常用的钥匙总是亮闪闪的。

——〔美国〕富兰克林

疾病是肉体必亡的心灵经验，是显现于身体的恐惧。

——〔美国〕艾迪夫人

只知工作而不知休息的人，有如没有刹车的汽车，极为危险。而不知工作的人，则和没有引擎的汽车一样，没有丝毫用处。

——〔美国〕福　特

健康的身体是灵魂的客厅，病弱的身体是灵魂的监狱。

——〔英国〕培　根

我们只有固有的健康法则。这些法则却很少有人注意，往往直到临死时，才注意到，然而悔之晚矣。假若人人都知道适当的健身法，不消说，生命就可以大大延长。

——〔英国〕培　根

维持健康是我们的义务，了解这种生理学上的道德者少之又少。

——〔英国〕斯宾塞

长期的身体有病，使最光明的前途蒙上阴暗，而强健的活力就使不幸的境遇也能放金光。

——〔英国〕斯宾塞

健康的人未察觉自己的健康，只有病人才懂得健康。

——〔英国〕卡莱尔

健康当然比金钱更为可贵，因为我们所赖以获得金钱的，就是健康。

——〔英国〕约翰逊

健全的肉体是健全的心灵的产物。

——〔英国〕萧伯纳

健全的精神，寓于健全的身体。

——〔英国〕约翰·洛克

健康是为我们的事业和我们的福利所必需的，没有健康就不可能有什么福利、有什么幸福。

——〔英国〕约翰·洛克

健康如金银，我们失去时，始真知其价值。

——〔英国〕比林斯

旷达的人长寿。

——〔英国〕莎士比亚

一切有生之伦，都少不了睡眠的调剂。

——〔英国〕莎士比亚

　　过度的饱食有伤胃口，毫无节制的放纵，结果会使人失去了自由，正像饥不择食的饿鼠吞咽毒饵一样。

——〔英国〕莎士比亚

　　长期的心灰意懒以及烦恼足以致人于贫病枯萎。

——〔英国〕布　朗

　　强忍着自己的眼泪，就等于慢性自杀。

——〔英国〕威廉·弗雷

　　悲观的人虽生犹死，乐观的人永生不老。

——〔英国〕拜　伦

　　谁要想寿命和钱财两旺，请您从今天开始即早睡早起。

——〔英国〕拜　伦

　　早睡早起最能使美丽的脸鲜艳，并降低胭脂的价钱——至少几个冬天。

——〔英国〕拜　伦

　　保持一生壮健的真正方法是延长青春的心。

——〔英国〕柯林斯

　　食物之于人好像油之于灯，油很多，灯就会亮；油太少，灯就会熄灭。然而一盏灯却往往因油太多而熄灭。

——〔英国〕弗兰明

酗酒是暂时性的自杀。

——〔英国〕罗　素

人生欲求安全，当有五要：一、清洁空气；二、澄清饮水；三、流通沟渠；四、扫洒屋宇；五、日光充足。

——〔英国〕南丁格尔

世上最高级的三个医师：节食博士、安宁博士、快活博士。

——〔英国〕斯威夫特

午夜前一小时的睡眠等于午夜后三小时的睡眠。

——〔英国〕赫巴特

身体必须要有精力，才能听从精神的支配。

——〔法国〕卢　梭

装饰的华丽可以显示出一个人的富有，优雅可以显示出一个人的趣味，但一个人的健康与苗壮则须由另外的标志来识别。只有在一个劳动者的粗布衣服下面，而不是在嬖幸者的穿戴之下，我们才能发现强有力的身躯。

——〔法国〕卢　梭

节制和劳动是人类的两个真正的医生。

——〔法国〕卢　梭

我宁愿我的学生打网球来消磨时间，至少还可以使身体得到锻炼。

——〔法国〕卢　梭

散步能促进我的思想。我的身体必须不断运动，脑力才会开动起来。

——〔法国〕卢　梭

科学的基础是健康的身体。

——〔法国〕居里夫人

健康的价值，贵重无比。它是人类为了追求它而唯一值得付出时间、血汗、劳力、财富——甚至付出生命的东西。

——〔法国〕蒙　田

心情愉快是肉体和精神的最佳卫生法。

——〔法国〕乔治·桑

生命在于运动。

——〔法国〕伏尔泰

运动就其作用来说，几乎可以代替任何药物，但是世界上的一切药品并不能代替运动的作用。

——〔法国〕蒂　索

人无泰然之习惯，必无健康之身体。

——〔法国〕拿破仑

生命在于矛盾，在于运动；一旦矛盾消除，运动停止，生命也就结束了。

——〔德国〕歌　德

器官得不到锻炼，同器官过度紧张一样，都是极其有害的。

——〔德国〕康　德

一种美好的心情，比十服良药更能解除生理上的疲惫和痛楚。

——〔德国〕马克思

身体靠营养来维持，精神何尝不然。

——〔希腊〕卢西留斯

身体的经久比美丽更好。

——〔希腊〕伊　索

平平静静地吃粗茶淡饭，胜于提心吊胆地吃大酒大肉。

——〔希腊〕伊　索

最完善的东西就最不容易受外来影响的变动。举例来说，身体最强健的人不容易受饮食或劳作的影响，最苗壮的草木也不容易受风日的影响。

——〔希腊〕柏拉图

体操和音乐两个方面并重，才能够成就完全的人格。因为体操能锻炼身体，音乐可以陶冶精神。

——〔希腊〕柏拉图

性情稳静愉快的人，不大会感到老年的压力，但是对于具有相反之性情的人，青年和老年同样都是重负。

——〔希腊〕柏拉图

健康不是身体状况的问题，而是精神状况的问题。

——〔希腊〕柏拉图

最易于使人衰竭、最易于损害一个人的，莫过于长期不从事体力活动。

——〔希腊〕亚里士多斯

不要忽视你的身体的健康，饮、食、动作须有节。

——〔希腊〕毕达哥拉斯

运动要在饭前，勿在饭后。

——〔希腊〕希波克拉底

什么事情也不做，有时是很好的治疗法。

——〔希腊〕希波克拉底

我们体内的自然的力量，是疾病的真实医疗者。

——〔希腊〕希波克拉底

疾病是身体的障碍，但只要不耿耿于怀，就不会成为意志的障碍。

——〔希腊〕艾匹克蒂塔

运动是一切生命的源泉。

——〔意大利〕达·芬奇

水若停滞即失其纯洁，心不活动精气立消。

——〔意大利〕达·芬奇

我喜爱体育运动，因为它给予我丰富的智慧和充沛的精力，而科学的成功，正是需要人们为它付出巨大的脑力和体力的代价。

——〔意大利〕恩里科·费米

要从小把自己锻炼得身强力壮，能吃苦耐劳，不要娇滴滴的，到大自然里去远走高攀吧！

——〔意大利〕恩里科·费米

休息乃劳动者之妙药。

——〔意大利〕彼得拉克

愉快的笑声，是精神健康的可靠标志。

——〔俄国〕契诃夫

健康在人的心目中永远不会失去它的价值。

——〔俄国〕车尔尼雪夫斯基

生命是美丽的，对人来说，美丽不可能与人体的正常发育和人体的健康分开。

——〔俄国〕车尔尼雪夫斯基

健强的生活，既开出鲜花，又结出甜果。

——〔俄国〕普希金

生活多美好啊，体育锻炼乐趣无穷！

——〔俄国〕普希金

人的生活就是运动。

——〔俄国〕列夫·托尔斯泰

一个埋头脑力劳动的人，如果不经常活动四肢，那是一件极其痛苦的事情。

——〔俄国〕列夫·托尔斯泰

体育是使整个有机体得到自然的、和谐的发展。

——〔俄国〕杜勃罗留波夫

忧愁、顾虑和悲观，可使人得病；积极、愉快和坚强的意志和乐观的情绪，可战胜疾病，更可使人强壮和长寿。

——〔苏联〕巴甫洛夫

愉快可以使你对生命的每一跳动、对于生活的每一印象易于感受，不管躯体和精神上的愉快都是如此，可以使身体发展，身体强健。

——〔苏联〕巴甫洛夫

若要培养出健康、强壮、灵敏、机智、勇敢，既善于克服困难，又卓有信心正视前面的人，则体育和运动乃是很重要的因素。

——〔苏联〕加里宁

体育和运动可以增进人体的健康和人的乐观情绪，而乐观情绪是长寿的一项必要条件。

——〔苏联〕勒柏辛斯卡娅

健康就是金子一样的东西。

——〔苏联〕高尔基

良好的健康状况和高度的身体训练，是有效的脑力劳动的重要条件。

——〔苏联〕克鲁普斯卡娅

正视疾病、勇于忍受的人，将变得更坚强、壮大。

——〔瑞士〕希尔泰

健康是一种自由——在一切自由中首屈一指。

——〔瑞士〕亚美路

保持健康是做人的责任。

——〔荷兰〕斯宾诺莎

预防胜于治疗。

——〔荷兰〕伊拉斯莫斯

身体健康，起居有节，能延年益寿。生活没有节制，往往缩短生命。

——〔西班牙〕塞万提斯

体育可以帮助人们经受生活对体力和脑力的重压。

——〔南斯拉夫〕铁　托

理想的人是品德、健康、才能三位一体的人。

——〔日本〕木村久一

以自然之道，养自然之生。

——欧阳修

劳其形者长年，安其乐者短命。

——欧阳修

恶酒如恶人，相攻剧刀箭。

——苏　轼

伤生之事非一，而好色者必死。

——苏　轼

节食以去病，节欲以延年。

——朱　熹

痛饮则伤神耗血，损胃亡精，生痰动火。

——李时珍

养生之道，至暮夜而虚其腹，元气所以运转

不穷。

——杨名时

养身以不伤为本。

——葛　洪

善养生者，食不过饱，饮不过多，冬不极温，夏不极凉。

——葛　洪

凡是有志为社会出力、为国家成大事的青年，一定要十分珍视自己的身体健康。

——徐特立

一个人的身体健康绝不是个人的，要把它看作是社会的宝贵财富。

——徐特立

在思想上、工作上，一个人假如一天没有进步，那就是他已经比别人落后了一步。在健康上也一样，一天没有进步，就比别人早一天衰老。

——徐特立

同情是最高的美德

同情别人的不幸遭遇是很好的，但绝不可同情自己。

——〔美国〕华盛顿

在生气的时候，不管怎样总要留下退步的余地，绝不可以做出无法挽回的事来。

——〔美国〕爱默生

人身的各种精神机能，必须完全自在，不受纷扰，总能在活泼健壮下发挥它最大的功能，一切思考始能集中、清楚、智捷而合逻辑；假使你为愤怒所激，为烦恼所苦，还能做成功什么大事？

——〔美国〕林　肯

人类的理智发展得很晚，所以人往往感情多于理智。据说，大部分人在日常生活中没有理智仍可以过得很好。

——〔美国〕亚当斯

冷漠无情就是最大的残忍。

——〔美国〕威尔逊

同情是最高的美德。

——〔英国〕培　根

一个人如果对待陌生人亲切而有礼貌，那他一定是一位真诚而富有同情心的好人，他的心常和别人的心联系在一起，而不是孤立的。

——〔英国〕培　根

隐藏的忧伤如熄火之炉，能使心烧成灰烬。

——〔英国〕莎士比亚

倘若没有理智，感情就会把我们弄得精疲力尽，正是为了制止感情的荒唐，才需要理智。

——〔英国〕莎士比亚

有的人不爱看张开嘴的猪，有的人看见一只猫就发脾气，还有些人见别人吹风笛就忍不住要小便；因为一个人的感情完全受喜恶情绪的支配，谁也做不了自己的主。

——〔英国〕莎士比亚

冷静的人是对自然严格的冷眼观察者，他常常清楚地认识应该拨动的纤细的心弦，他制造热情而自己不动热情，这是人和动物的区别。

——〔英国〕菲尔丁

克制也有个限度，超过了限度就不再是美德。

——〔英国〕伯　克

从恐惧中脱露出的希望最明亮。

——〔英国〕司各特

不要因为长期埋头科学而失去对生活、对美、对诗意的感受能力。

——〔英国〕达尔文

过分希冀他人的同情，轻蔑这一礼物便跟随而来。

——〔英国〕萧伯纳

像浪费其他的东西一样，滥用感情也要遭受天罚。

——〔英国〕王尔德

不与感情相呼应的同情，只不过是伪装的自私。

——〔英国〕罗　素

多愁善感是用你自己并不真正有的感情消耗你自己。

——〔英国〕劳伦斯

没有欲望的人，永远是自由的。

——〔法国〕拉伯雷

理智常常受感情的极度左右。

——〔法国〕罗休夫柯

感情是唯一永远有说服力的演说家；它是一种自

然的艺术，它的法则是绝无错误的；头脑最简单然而面带感情的人，较诸没有感情的雄辩家更具有说服力量。

——〔法国〕罗休夫柯

感情往往能使一个最聪明的人成为狂人，使一个最愚蠢的人聪明起来。

——〔法国〕罗休夫柯

没有一点热情将一事无成。

——〔法国〕伏尔泰

把激情分成可行的和禁止的两种，然后沉湎于前者，回避后者，这是不对的。如果人能驾驭激情，那么激情是好的；如果人屈服于激情，那么它就是坏的。

——〔法国〕卢　梭

良心是灵魂之声，感情是肉体之声。

——〔法国〕卢　梭

感情淡薄使人平庸。

——〔法国〕狄德罗

热情把喜怒哀乐汇集到一个中心点，热情好比是尘世向着天国焚烧的一炷香，把尘世与天国撮合到了一处。

——〔法国〕史达尔夫人

在热情的激昂中，灵魂的火焰才有足够的力量把造成天才的各种材料熔冶于一炉。

——〔法国〕司汤达

精神生活与肉体生活一样，有呼有吸：灵魂要吸收另一颗灵魂的感情来充实自己，然后以更丰富的感情送回给人家。

——〔法国〕巴尔扎克

感情有股熏陶的力量；一个人不论如何粗俗，只要表现出一股真实而强烈的情感，就有特殊的气息，使容貌为之改观，举动有生气，声音有音色。

——〔法国〕巴尔扎克

轻视情感的男人们使劲地表达情感，他们越是没有这种情感，就越是吹得天花乱坠。

——〔法国〕巴尔扎克

与感情是没有争论余地的；作为感情奴隶的人，往往像瞎子一样顽固不变。

——〔法国〕巴尔扎克

恼怒是片刻的疯狂，所以你要控制感情，否则感情便控制了你。

——〔法国〕大仲马

爱人能使生活优美热烈；仇人能使生活紧张认真；朋友能使生活轻松和谐。爱情像葡萄美酒，使人沉醉狂歌；敌意像卷烟，伤人；而友情却像甘露，饮了能令心田枯涸的人易得到滋润。

——〔法国〕大仲马

同情仅次于爱，是人心最圣洁的感情。

——〔法国〕贝　克

一颗人类的心需要有炽热的感情，一如大火需要有高温。

——〔法国〕贝　克

慈善为外在的行为；同情乃内蕴之感情。

——〔法国〕莫泊桑

人们烦恼、迷惑，实因看得太近，而又想得太多。

——〔法国〕罗曼·罗兰

生气，是拿别人的错误惩罚自己。

——〔德国〕康　德

热情有极大的价值，只要我们不因此而忘乎所以。

——〔德国〕歌　德

没有感情也就不存在真正的艺术。

——〔德国〕歌　德

感情衰退使杰出的人失色。

——〔德国〕歌　德

同情是人类与生俱来的天性。

——〔德国〕歌　德

我们的激情实际上像火中的凤凰一样，当老的被焚化时，新的又立刻在它的灰烬中出生。

——〔德国〕歌　德

没有热情，就不能完成世界上的伟业。

——〔德国〕黑格尔

人的理性粉碎了迷信，而人的感情也将会摧毁利己主义。

——〔德国〕海　涅

一个人对社会的价值，首先取决于他的感情、思想和行动对于人类利益有多大作用。

——〔德国〕爱因斯坦

骄傲、嫉妒、贪婪，是点燃内心的火焰燃烧的火花。

——〔意大利〕但　丁

情感常常使每一件在它影响之下产生的事物具有特别的、浓厚的趣味；它甚至使事物具有特别的魅力、特殊的美。一副喜笑颜开或愁眉深锁的面孔，比一副冷酷无情的面孔美得多。

　　　　　——〔俄国〕车尔尼雪夫斯基

　　当你工作和研究的时候，必须具有强烈的激情。

　　　　　——〔俄国〕巴甫洛夫

　　冷漠无情，就是灵魂的瘫痪，就是过早的死亡。

　　　　　——〔俄国〕契诃夫

　　害羞是畏惧或害怕耻辱的情绪，这种情绪可以阻止人不去干某些卑鄙的行为。

　　　　　——〔荷兰〕斯宾诺莎

　　虽然人的理智总是喜欢追求明确和肯定，可是人的感情却往往向往不肯定。

　　　　　——〔普鲁士〕克劳塞维茨

　　当有了明确的思想，或者理智占优势时，一切感情力量就会大大失去威力。

　　　　　——〔普鲁士〕克劳塞维茨

　　刚强的人尽管在内心很激动，但他们的见解和信念却像在暴风雨中颠簸的船上的罗盘指针，仍能准确地指出方向。

　　　　　——〔普鲁士〕克劳塞维茨

　　智力首先必须激起勇气这种感情，以便有所依靠和得到支持，因为在紧急时刻，人们受感情的支配比受思想的支配更多些。

——〔普鲁士〕克劳塞维茨

愿望是半个生命，淡漠是半个死亡。

——〔黎巴嫩〕纪伯伦

友谊是一种和谐的平等

兄弟可能不是朋友，但朋友常常如兄弟。

——〔美国〕富兰克林

择友宜慎，弃之更宜慎。

——〔美国〕富兰克林

世界上绝对没有所谓知心的朋友，除非你已经绝对地了解他。

——〔美国〕富兰克林

真正的友谊是一种缓慢生长的植物，必须经历并顶得住逆境的冲击，才无愧友谊这个称号。

——〔美国〕华盛顿

友谊能增进快乐，减轻痛苦；因为它能倍增我们的喜悦，分担我们的烦忧。

——〔美国〕爱迪生

朋友有一千个也不嫌多，有一个敌人就到处狭路相逢。

——〔美国〕爱默生

人生最美好的东西，就是他同别人的友谊。

——〔美国〕林　肯

势利的朋友迟早会离你而去的。

——〔美国〕亚当斯

你的敌人要和你的朋友一起才能伤害你：一个诽谤你，另一个把消息告诉你。

——〔美国〕马克·吐温

在业务的基础上建立的友谊，胜过在友谊的基础上建立的业务。

——〔美国〕洛克菲勒

朋友是自己送给自己的礼物。

——〔美国〕斯蒂文生

友谊是一种温静与沉着的爱，为理智所引导，习惯所结成，因长久的认识与共同的契合而产生，没有嫉妒，也没有恐惧。

——〔美国〕荷　麦

友谊不必由感官的欢乐或志同道合来开路。

——〔美国〕桑塔亚娜

理解绝对是养育一切友情之果的土壤。

——〔美国〕威尔逊

友谊使欢乐倍增，使痛苦减半。

——〔英国〕培　根

真挚的友谊犹如健康，不到失却时，无法体味其珍贵。

——〔英国〕培　根

除了一个真心的朋友之外，没有一样药剂是可以通心的。对一个真心的朋友，你可以传达你的忧愁、欢悦、恐惧、希望、疑忌、谏诤，以及任何压在你心上的事情。

——〔英国〕培　根

一个人从另一个的诤言中所得来的光明比从他自己的理解力、判断力中所得出的光明更干净纯粹。

——〔英国〕培　根

最能保人心神之健康的预防药就是朋友的忠言和规谏。

——〔英国〕培　根

疑心病是友谊的毒药。

——〔英国〕培　根

能使事业趋于正轨者还数忠言。

——〔英国〕培　根

友谊的主要效用之一，就是使人心的愤怒和抑屈之气得以宣泄释放。

——〔英国〕培　根

临时结交的人，不能算是朋友。

——〔英国〕培　根

应该逃避谄媚者的花言巧语，而不应该逃避一个朋友坦率恳切的苦口良言。

——〔英国〕乔　叟

有很多良友，胜于有很多财富。

——〔英国〕莎士比亚

朋友之间用到不自然的礼貌时，就可以知道他们的感情已经开始低落了。

——〔英国〕莎士比亚

贪图钱财、追求享受的人，不会有三个好朋友。

——〔英国〕莎士比亚

以赠品收买朋友，则他也可能被他人收买。

——〔英国〕莎士比亚

酒桌上得来的朋友，等到酒尽杯空，转眼便成了路人。一片冬天的乌云刚刚出现，这些飞虫就不知去向了。

——〔英国〕莎士比亚

有些人对你恭维不离口，可全都不是患难朋友。

———〔英国〕莎士比亚

大多数的朋友都在钱袋里。

———〔英国〕莎士比亚

欣喜获得新交的朋友，是比哀悼已故的亲人更为有益的。

———〔英国〕莎士比亚

交友不在多，得一人可胜百人；交友不论久，得一日可逾千古。

———〔英国〕莎士比亚

无信之友，较之敌人尤为可恶。

———〔英国〕莎士比亚

有良友伴行，路遥不觉其远。

———〔英国〕莎士比亚

每个人都可以和他结成朋友的人，不会是真正的好朋友。

———〔英国〕富　勒

我们的生活中可以没有朋友，但不能没有邻居。

———〔英国〕富　勒

怜悯你的人不是朋友，帮助你的人才是朋友。

———〔英国〕富　勒

在欢乐时，朋友会认识我们；在患难时，我们会认识朋友。

——〔英国〕柯林斯

人就像藤萝，他的生存靠别的东西支持，他拥抱别人，就从拥抱中得到了力量。

——〔英国〕蒲　伯

友情是平等的人之间离开利害关系所结的交际，而欺诈却是暴君和奴隶之间的卑鄙关系。

——〔英国〕哥尔德斯密斯

从来没有敌人的人也不会有朋友。

——〔英国〕丁尼生

谈到名声、荣誉、快乐、财富这些东西，如果同友情相比，它们都是尘土。

——〔英国〕达尔文

一个朋友总不至于只值一张钞票的代价吧？我不愿出卖。

——〔英国〕萧伯纳

一个人受了友谊的感动去办事的时候，本来胆小的变得勇敢了，本来怕羞的有了自信了，懒怠的也肯动了，性子暴躁的也谨慎小心肯担待人了。

——〔英国〕萨克雷

人人都能同情朋友在受苦，但是，若要替朋友的成功高兴，却需要极度高洁的天性。

——〔英国〕王尔德

　　一个不是对我们有所求的朋友，才是真正的朋友。

——〔英国〕哈伯特

　　占有灵魂的友谊，以绝对权力统治灵魂的友谊，只能有一个。

——〔法国〕蒙　田

　　没有一个词比朋友这个词用得更广泛，也没有什么比真正的朋友更为罕见。

——〔法国〕拉·封丹

　　友谊的结合是要经过考虑与选择才能生长出来的。

——〔法国〕莫里哀

　　友情的真正价值在人们所感到的友谊之中比在人们所唤起的友谊之中体现得更多。

——〔法国〕卢　梭

　　在一个正直和富于情感的心中，一个忠实的朋友的声音将压倒二十个引诱者的叫嚣。

——〔法国〕卢　梭

　　时常出入的朋友，是家宅的装饰。

——〔法国〕伏尔泰

友谊是灵魂的结合。

——〔法国〕伏尔泰

生活中遇到大忧大患，友谊应该是有效的安慰。

——〔法国〕巴尔扎克

半心朋友，就是半个叛徒。

——〔法国〕雨　果

友谊也像花朵，好好地培养，可以开得更心花怒放；可是一旦任性或者不幸从根本上破坏了友谊，这朵心上盛开的花，可以立刻萎颓凋谢。

——〔法国〕大仲马

伟大的灵魂绝不会孤立，朋友们丢弃了他，而他又会有新的朋友，围绕他自己的，都是他自己所富有的爱。

——〔法国〕罗曼·罗兰

十分完全的友谊仅仅是个理想，是可望而不可即的。

——〔德国〕康　德

寻找朋友的人，是理应找到朋友的；没有朋友的人，说明他从未寻找过。

——〔德国〕莱　辛

一步一步来是做生意的诀窍，但不是交朋友的诀窍；做生意时没有友谊，交朋友时也不应做生意。

——〔德国〕莱　辛

友谊只能在实践中产生并在实践中得到保持。

——〔德国〕歌　德

真诚、活跃而富有成果的友谊表现在生活的步调一致，表现在我的朋友赞成我的目标而我也赞成他的目标，因此无论我们的思想和生活方式有多大差异，都能始终不渝地共同前进。

——〔德国〕歌　德

只要有空气和光亮，以及朋友的爱留下来，就无须胆怯。

——〔德国〕歌　德

真正的志同道合者不可能长久地争吵，他们总会重新言好的。

——〔德国〕歌　德

真正的友谊是诚挚的和大胆的。

——〔德国〕席　勒

真正的友谊，只能植基于相近性情的结合。

——〔德国〕贝多芬

即使是最神圣的友谊里也可能潜藏着秘密，但是你不可以因为你不能猜测出朋友的秘密而误解了他。

——〔德国〕贝多芬

名 人 言

友谊的基础在于两个人的心肠和灵魂有着最大的相似。

——〔德国〕贝多芬

友谊的语言不是词句，而是意义。

——〔德国〕梭 罗

人的生活离不开友谊，但要得到真正的友谊是不容易的。友谊需要用忠诚去播种，用热情去灌溉，用原则去培养，用谅解去护理。

——〔德国〕马克思

真诚的、十分理智的友谊是人生的无价之宝。你能否对你的朋友守信不渝，永远做一个无愧于他的人，这就是你的灵魂、性格、心理以至于道德的最好的考验。

——〔德国〕马克思

世间最美好的东西，莫过于有几个头脑和心地都很正直的朋友。

——〔德国〕爱因斯坦

我们结交友谊，应当选择那些在危险时能够在我们旁边作为盟友的人。

——〔希腊〕伊 索

我不愿意和一个见人说人话、见鬼说鬼话的人做朋友。

     ——〔希腊〕伊　索

  那些忘恩的人落在困难之中，是不能得救的。

     ——〔希腊〕伊　索

  在危险之中，常有被疑的朋友成为救星，最被信用的成为卖友的人。

     ——〔希腊〕伊　索

  朋友间的不和，就是敌人进攻的机会。

     ——〔希腊〕伊　索

  在幸运上不与人同享的人，在灾难中不会是忠实的友人。

     ——〔希腊〕伊　索

  应当在朋友正是困难的时候给予帮助，不可在事情无望之后再说闲话。

     ——〔希腊〕伊　索

  用了狡计去害友人的人，自己将陷于危险埋伏之中。

     ——〔希腊〕伊　索

  为真正的朋友，应当准备抛弃人最热爱的生命。

     ——〔希腊〕索福克勒斯

我们结交朋友的方法，应该是给他人好处，而不是向他人索取。这种友谊最为可靠。

——〔希腊〕修昔底德

友谊是一种和谐的平等。

——〔希腊〕毕达哥拉斯

世界上没有比一个既真诚又聪明的朋友更可宝贵的了。

——〔希腊〕希罗多德

不要靠馈赠去获得朋友。你须贡献你诚挚的爱，学会怎样用正当的方法来赢得一个人的心。

——〔希腊〕苏格拉底

很多显得像朋友的人其实不是朋友，而很多是朋友的并不显得像朋友。

——〔希腊〕德谟克利特

思想感情的一致产生友谊。

——〔希腊〕德谟克利特

单单一个有智慧的人的友谊，要比所有愚蠢的人的友谊还更有价值。

——〔希腊〕德谟克利特

好感是友谊的先决条件，但不能把两者混为一谈。

——〔希腊〕亚里士多德

在智慧供给整个人生的一切幸福之中，以获得友谊最为重要。

——〔希腊〕伊壁鸠鲁

有些人把朋友当作鞋子或碗，用过则丢，可鄙！

——〔希腊〕普鲁塔克

幸福的时候需要忠诚的友谊，患难的时刻尤其需要。

——〔罗马〕塞涅卡

朋友间最凶猛的瘟疫便是谄媚。

——〔罗马〕塞涅卡

纵然在玩笑时也不能损伤朋友。

——〔罗马〕贺拉斯

成功可以招引朋友，挫败可以考验朋友。

——〔罗马〕贺拉斯

不幸的人往往因有苦难的朋友而得到安慰。

——〔罗马〕贺拉斯

世界上没有比友谊更美好、更令人愉快的东西了；没有友谊，世界仿佛失去了太阳。

——〔罗马〕西塞罗

遇难始识真友。

——〔罗马〕西塞罗

友谊永远是美德的辅佐，不是罪恶的助手。

——〔罗马〕西塞罗

自己先做一个好人，然后找和你相仿佛的人做你的朋友。能如此，友谊才能稳固地成长。

——〔罗马〕西塞罗

把友谊归结为利益的人，我认为是把友谊中最宝贵的东西勾销了。

——〔罗马〕西塞罗

在友情上，必须遵守下面的规则，即别要求朋友做不顾廉耻的事，同时被邀时也不要去做。

——〔罗马〕西塞罗

最痛苦的事莫过于和长久以来深交的朋友交恶。

——〔罗马〕西塞罗

所谓友情这种东西，存在于一切人的生活之中。假如一个人丧失了友情，那他可能无法生存在这个世界上。

——〔罗马〕西塞罗

从友谊中除去了敬意，即是除去了顶光亮的珠宝。

——〔罗马〕西塞罗

美德永远是友谊的辅佑。美德不能独立达到最高境界，所以要借助于友谊。

——〔罗马〕西塞罗

人与人的友谊，把大多数人的心灵结合在一起，因为这种可贵的联系是温柔甜蜜的。

——〔罗马〕奥古斯丁

失去一个朋友有如损失一条肢体；时间可使创口的疼痛减轻，但失去的永不能补偿。

——〔波斯〕萨　迪

谁若自顾快走，你别和他结伴而走；谁若对你薄情，你别把他当作朋友。

——〔波斯〕萨　迪

从外貌看来，人最高贵，狗最低贱。但圣人一致认为：重义的狗胜于不义的人。

——〔波斯〕萨　迪

贫困能试朋友之真伪。

——〔意大利〕但　丁

友谊真是一样最神圣的东西，不光是值得特别推崇，而是值得永远赞扬。它是慷慨和荣誉的最贤惠的母亲，是感激和仁慈的姐妹，是憎恨和贪婪的死敌。它时时刻刻都准备舍己为人，而且完全出于自愿，不用他人恳求。

——〔意大利〕薄伽丘

选择朋友一定要谨慎！地道的自私自利，会戴上友谊的假面具却又设好陷阱来坑你。

——〔俄国〕克雷洛夫

仁爱的话，仁爱的诺言，嘴上说起来是容易的，只有在患难的时候，才能看见朋友的真心。

——〔俄国〕克雷洛夫

紧急的时刻得到的帮助是宝贵的，然而并不是人人都会给予及时的帮助。但愿老天爷让我们别交上愚蠢的朋友，因为殷勤过分的蠢材比任何敌人都还要危险。

——〔俄国〕克雷洛夫

不论是多情的诗句、漂亮的文章，还是闲暇的欢乐，什么都不能代替无比亲密的友谊。

——〔俄国〕普希金

真正的朋友不把友谊挂在口上，他们并不为了友谊而互相要求点什么，而是彼此为对方做一切办得到的事。

——〔俄国〕别林斯基

财富并非永久的朋友，但朋友却是永久的财富。

——〔俄国〕列夫·托尔斯泰

真实的十分理智的友谊是人生最美好的无价之宝。

——〔苏联〕高尔基

真正的朋友，在你获得成功的时候，为你高兴，而不捧场。在你遇到不幸或悲伤的时候，会给你及时的支持和鼓励。在你有缺点可能犯错误的时候，会给你正确的批评和帮助。

——〔苏联〕高尔基

没有彼此的敬重，友谊是不可能有的。

——〔苏联〕马卡连柯

所谓友谊，它首先是诚恳，是批评同志的错误。

——〔苏联〕奥斯特洛夫斯基

真正的朋友应该说真话，不管话多么尖锐。

——〔苏联〕奥斯特洛夫斯基

我们时代的青年男女正在成长着人类最高尚的感情，这就是友谊，建立在互相尊敬的基础上的出色和美丽的友谊；这就是关切他人和对他人成就没有丝毫的妒忌心；这就是培养自己意识到集体的利益高于一切，而集体并不能埋没人的个性，恰恰相反，它能使人的个性更加完美。

——〔苏联〕奥斯特洛夫斯基

友谊，世界上有多少人在说这个字的时候，指的是茶余酒后愉快的谈话和相互间对弱点的宽容，可是这跟友谊有什么关系呢？

——〔苏联〕法捷耶夫

当一个人能遇到一个在诺言、信念、勇敢、忠诚等方面都是始终不渝的朋友。他的内心会充溢着多么使人欢欣鼓舞的喜悦、多么难以言传的由衷的感激和多么难以抑制的汹涌澎湃的力量啊！你在世界上已经不是孤独的，在你身旁还有一个人的心在跳动！

——〔苏联〕法捷耶夫

在背后称赞我们的人就是我们的良友。

——〔西班牙〕塞万提斯

告诉我你交什么样的朋友，我就可以说出你的为人。

——〔西班牙〕塞万提斯

强者不怕敌人，却怕朋友。出手一击打倒了敌人倒无关痛痒，可是在不知不觉中伤害了朋友，却感到情同骨肉般的恐怖。

——〔日本〕芥川龙之介

弱者不惧怕朋友，却怕敌人，因此到处发现虚构的敌人。

——〔日本〕芥川龙之介

友谊永远是一个甜蜜的责任，从来不是一种机会。

——〔黎巴嫩〕纪伯伦

君子之交淡若水，小人之交甘若醴；君子淡以亲，小人甘以绝。

——庄　子

不知其人视其友。

——司马迁

不知其人，则不与为友。

——司马迁

一贵一贱，交情乃见。

——司马迁

势利之交出乎情，道义之交出乎理，情易变，理难忘。

——傅　玄

以势交者，势倾则绝；以利交者，利穷则散。

——王　通

君子先择而后交，小人先交而后择。

——王　通

势利之交，难以经远。

——诸葛亮

人生贵相知，何用金与钱。

——李　白

乃知择交难，须有知人明。

——白居易

君子与君子以同道为朋，小人与小人以同利

为朋。

————欧阳修

人生乐在相知心。

————王安石

交浅言深，君子所戒。

————苏　轼

对渊博友，如读异书；对风雅友，如读名人诗文；对谨饬友，如读圣贤经传；对滑稽友，如读传奇小说。

————张　潮

求知己于朋友易，求知己于妻妾难；求知己于君臣则尤难。

————张　潮

上元须酌豪友；端午须酌丽友；七夕须酌韵友；中秋须酌淡友；重九须酌逸友。

————张　潮

天下快意之事莫若友，快友之事莫若谈。

————蒲松龄

万两黄金容易得，知心一个也难求。

————曹雪芹

和朋友谈心，不必留心，但和敌人对面，必须时刻防备。我们和朋友在一起，可以脱掉衣服，但上阵要穿甲。

——鲁　迅

友谊在过去的生活里，就像一盏明灯，照彻了我的灵魂，使我的生存有了一点点光彩。

——巴　金

朋友再亲密，分寸不可差失，自以为熟，结果反生隔离。

——三　毛

朋友之间，相求小事，顺水人情，理当成全；过分要求，得寸进尺，是存心丧失朋友最快的捷径。

——三　毛

认朋友，急不来，急来的朋友去得也快。筛朋友，慢不来，同流合污没有回头路。

——三　毛

爱情是一种甜蜜的痛苦

爱情的视觉不是眼睛，而是心灵。

——〔美国〕富兰克林

唠叨是爱情的坟墓。

——〔美国〕卡耐基

由友谊进而为恋爱易，由恋爱退而为友谊难。

——〔美国〕杰克逊

爱情是所有人类感情中最脆弱的一环。

——〔英国〕培　根

因结婚而产生的爱，造出儿女；因友情而生的爱，造就一个人。

——〔英国〕培　根

懂得恋爱的人，往往会因为爱情的升华作用而坚定他们向上的意志和进取的勇气。

——〔英国〕培　根

爱情不仅会占领开旷坦阔的胸怀，有时也能闯入壁垒森严的心灵。

——〔英国〕培　根

一切真正伟大的人物，没有一个是因爱而发狂的人。因为伟大的事业抑制了这种软弱的感情。

——〔英国〕培　根

舞台上的爱情比生活中的爱情要美好得多。因为在舞台上，爱情只是喜剧和悲剧的素材，而在人生中，爱情却常常不幸。

——〔英国〕培　根

过度的爱情追求，必然会降低人本身的价值。

——〔英国〕培　根

由追求而获得的爱情是好的，但给予而不需要追求的爱情更好。

——〔英国〕莎士比亚

高尚的女子注重男子的心地更甚于注重他的外貌。

——〔英国〕莎士比亚

爱是一颗星，一切迷途的船只，虽然不懂得天文，却靠它引导。

——〔英国〕莎士比亚

我的慷慨像海一样浩渺，我的爱情也像海一样深沉；我给你的越多，我自己也越富有，因为这两者都是没有穷尽的。

——〔英国〕莎士比亚

爱情不是花荫下的甜言，不是桃花源中的蜜语，不是轻绵的眼泪，更不是死硬的强迫。爱情是建立在共同的基础上的。

——〔英国〕莎士比亚

爱侣们永远看不见他们自己所做的傻事，因为爱情是盲目的。

——〔英国〕莎士比亚

爱情是一种甜蜜的痛苦。

——〔英国〕莎士比亚

既然爱情必须永远受折磨似乎是命运的一条定律，那么让我们学习忍耐吧，因为折磨正和意念、迷梦、叹息、希望和哭泣一样，都是可怜的爱情缺少不了的随从者。

——〔英国〕莎士比亚

爱情！你深入一切事物的中心。你会把不存在的事实变成可能，你能和梦境互相沟通，你能和伪妄合作，和空虚联络。

——〔英国〕莎士比亚

　　我真不明白，人们明明知道沉迷在爱情中是一件愚蠢的事，但在讥笑他人的荒唐无聊之后，自己却也会做自己揶揄的对象，照样跟人家闹起恋爱来。

　　　　　　　　　　——〔英国〕莎士比亚

　　恋爱的人去赴情人的约会时，正像一个放学归来的儿童一样欢欣，但当他和情人分别时，却又像上学去时那样满脸懊丧了。

　　　　　　　　　　——〔英国〕莎士比亚

　　在恋爱中的人，他可踏在随风飘荡的蜘蛛网上而不会跌下，幻想的幸福使他飘然轻举。

　　　　　　　　　　——〔英国〕莎士比亚

　　我从恋爱中归纳出一句箴言：既得之后是命令，未得之前是请求。

　　　　　　　　　　——〔英国〕莎士比亚

　　情人们和疯子们都富于纷乱的思想和成形的幻觉，他们所理会的不是冷静的理智所能了解的。

　　　　　　　　　　——〔英国〕莎士比亚

　　在爱情没有完成它的一切仪式之前，时间总是走得像一个扶杖的跛子一样慢。

　　　　　　　　　　——〔英国〕莎士比亚

　　爱情如数学上的三角或多边形，那是危险的信号，女孩子自身可以让她们其中一个获得幸福，同时也会使另一个受到创伤。

——〔英国〕莎士比亚

用物质供奉的爱情，当你停止给予时，爱情便消失了。

——〔英国〕富　勒

爱情是所有幸福之冠。

——〔英国〕弥尔顿

只为金钱而结婚的人，其恶无比；只为恋爱而结婚的人，其愚无比。

——〔英国〕约翰生

爱情是两颗灵魂的结合。

——〔英国〕约翰生

恋爱是愚者的智慧、贤人的愚行。

——〔英国〕约翰生

只有在动情时去进行你的初吻，你才会进入沉醉的境地，否则你便是浪费了它。

——〔英国〕约翰生

有些人说吻是一种罪恶，但如果说它是不合法的，法律家们不会容许；如果说它不是圣洁的，传教士不会做；如果说它是不礼貌的，少女们不会接受。

——〔英国〕彭　斯

你能用金钱买来的爱情，别人也能用金钱将它买去。

——〔英国〕彭　斯

如果我们没有这样深情地爱过，如果我们没有这样盲目地爱过，如果我们从不遇见，或从不分离，我们应该都不会伤心了。

——〔英国〕彭　斯

在体会爱情以前，女人还算不得女人，男人也算不得男人。

——〔英国〕史密斯

眼泪是爱情的香料，浸在眼泪中的爱情是最可爱的爱情。

——〔英国〕司各特

情人的希望仿佛是童话中的一颗豆子，只要才一生根，就飞快地生长。

——〔英国〕司各特

道德中最大的秘密是爱，亦即暂时舍弃我们自己的本性，而把别人在思想行为或人格上的美视作自己的美。

——〔英国〕雪　莱

恋爱是对异性美所产生出来的一种心理上的燃烧

的感情。

—— 〔英国〕萧伯纳

也许在你说出"我爱你"的时候，容许你去爱的机会已经过去了。

—— 〔英国〕萧伯纳

爱是严肃的，具有真正爱的关系的人是痛痒攸关的。

—— 〔英国〕萧伯纳

妒忌和怀疑是爱情的附属品。妒忌与怀疑越大，爱情也就越强烈。

—— 〔英国〕萧伯纳

恋爱不是慈善事业，所以不能随便施舍。

—— 〔英国〕萧伯纳

轻微的痛苦和清淡的爱最难治愈。

—— 〔英国〕王尔德

恋爱绝不是一种甜蜜的东西，而是一种需要特别忍耐的苦恼的连续。

—— 〔英国〕王尔德

观察一个人，最好观察他怎样恋爱。

—— 〔英国〕高尔斯华绥

爱情只有当它是自由自在时，才会叶茂花繁。认为爱情是某种义务的思想只能置爱情于死地。只消一句话：你应当爱某个人，就足以使你对这个人恨之入骨。

——〔英国〕罗　素

恋爱必像狡兔，若即若离，半推半就，才是引诱猎人追随不舍的好方法。

——〔英国〕毛　姆

虽然恋爱的最终目的是结婚，但恋爱与结婚却是两回事。

——〔英国〕毛　姆

假如你并不把恋爱视为游戏，那么首先你就不要让自己做了别人游戏的工具。

——〔英国〕毛　姆

不该吻而大胆去吻的人可被原谅；可以接吻而畏怯不敢吻者不可饶恕。

——〔英国〕劳伦斯

恋爱的真义在于互相忠于对方，其间不容许有半点非分的思想存在。

——〔英国〕伊丽莎白

爱能打赢一切。

——〔英国〕希尔提

没有一种激情比善良的爱情更能激发我们向往高尚和慷慨事物的心情了。

——〔法国〕艾弗蒙

治疗恋爱的药多的是，但是却没有一针见效的药。

——〔法国〕罗休夫柯

没有伪装能够隐藏住爱情，无情也不可能长久佯作有情。

——〔法国〕罗休夫柯

一个有理智的人恋爱时，可能像一个狂人，但他绝不会像一个傻子。

——〔法国〕罗休夫柯

爱情是一位伟大的导师，它教我们重新做人。

——〔法国〕莫里哀

爱情往往是结婚的果实。

——〔法国〕莫里哀

不害相思，幸福就没你的份儿。把爱情赶出了生活，你就赶出欢乐。一帆风顺的爱情，其实寡味。

——〔法国〕莫里哀

真诚的爱情的结合是一切结合中最纯洁的。

——〔法国〕卢 梭

如果说爱情使人忧心不安的话，则尊重是令人信任的。一个诚实的人是不会单单爱而不敬的，因为，我们之所以爱一个人，是由于我们认为那个人具有我们所尊重的品质。

——〔法国〕卢　梭

在我们所有的感情中，最令人迷惑与神魂颠倒的，就是爱情与嫉妒。

——〔法国〕卢　梭

爱情是吞噬一切的火焰，它使其余的感情燃烧起熊熊大火……给它们注入新的力量……所以人们才说"爱情创造了英雄"。

——〔法国〕卢　梭

不能使你发奋的爱，不如不爱。

——〔法国〕拿破仑

恋爱有四种类型：热情之恋、趣味之恋、肉体之恋、虚荣之恋。

——〔法国〕司汤达

恋爱的人，假如一味地运用所有的术策，那恋爱的幸福便要失去四分之三。专事外表不顾里面的恋爱，是没有滋味的。

——〔法国〕司汤达

真正的爱情，令人时时想起死，使死变得容易和丝毫不害怕。

——〔法国〕司汤达

世上是再没有比爱人之虚伪那样足以冷却感情纤细的女子之心的。男方的些微的不真实的言语和动作，纵然那是无意识的天真之表现，也能够立刻夺去女方的全部幸福，而使她把身心投入疑惑之海里。

——〔法国〕司汤达

爱像发高烧，它的来去均不受意志的制约。

——〔法国〕司汤达

只要你爱着人，你就不会反省。一旦反省，就再也不会恋爱。恋爱住在台风里。恋爱会使一切痉挛。倘使有一瞬静寂的时间，恋爱便会死掉。

——〔法国〕司汤达

人一恋爱，对最深信不疑的事也常常发生了怀疑。

——〔法国〕司汤达

恋爱是女人一生的历史，却是男人一生中的插曲而已。

——〔法国〕史达尔夫人

真正的爱情像美丽的花朵，它开放的地面越是穷瘠，看起来就越是悦眼。

——〔法国〕巴尔扎克

恋爱，尤其是初恋，等于少女们的陷阱，如果少了处世经验和对恋爱生活的认识，她们是很容易跌落陷阱而不能自拔的。

——〔法国〕巴尔扎克

忠诚便是培养爱情的养料。

——〔法国〕巴尔扎克

既然失恋，就必须死心；断线而去的纸鸢是不可能再追回来的。

——〔法国〕巴尔扎克

爱情不只是一种感情，它同样是一种艺术。

——〔法国〕巴尔扎克

与其永远得不到爱情，毋宁得到爱情再失去。

——〔法国〕乔治·桑

那种用美好的感情和思想使我们升华并赋予我们力量的爱情，才能算是一种高尚的热情；而使我们自私自利、胆小怯弱，使我们流于盲目本能的下流行为的爱情，应该算是一种邪恶的热情。

——〔法国〕乔治·桑

爱是情感的升华，它像阳光一样，照耀大地，赋予万物生长的力量，并使之欣欣向荣。

——〔法国〕雨　果

一个青年男子恋爱的第一征象是柔顺，而一个女子却是勇敢。

——〔法国〕雨　果

青年男女的恋爱，事先应要求严谨，事后应互相宽容。

——〔法国〕福楼拜

如果一个男人为了一个女人的美貌而爱她，那他不是真爱她，因为天花可以损坏她的容貌而不致毁掉她的生命，所以天花能使他的爱情终止。如果有人因为我的判断力与记忆力而爱我，那她也不是真爱我，因为我可以失去这些东西而仍然生存。

——〔法国〕巴斯德

真正的爱情始终使人向上。

——〔法国〕小仲马

普通的花卉必须经过相当时间的栽培才会产生芬芳，爱情的花朵更不会突然开放，所以一见钟情的爱是靠不住的。

——〔法国〕莫泊桑

在一时的"情欲"驱使下的那种"一见钟情"的爱情，最终往往会毁灭了爱情本身，导致无穷的痛苦。

——〔法国〕莫泊桑

爱情是一种永久的信仰。

——〔法国〕罗曼·罗兰

婚姻的唯一伟大之处在于唯一的爱情，两颗心的互相忠实。

——〔法国〕罗曼·罗兰

爱情使有些鸟显出它们身上最美丽的颜色，使诚实的心灵表现出最高尚的成分。

——〔法国〕罗曼·罗兰

如果一个人把生活兴趣全部建立在爱情那样暴风雨般的感情冲动上，那是会令人失望的。

——〔法国〕居里夫人

我们每个人都曾被爱我们的人塑造和再塑造过，只要他们稍微有些恒心，我们便成了他们的作品。

——〔法国〕莫里亚克

有限度的期待在情人的心理上是甜蜜的。

——〔德国〕歌　德

还不能把情人的缺点看成优点的人，是还没有充分地爱着。

——〔德国〕歌　德

哪个青年男子不善钟情，哪个妙龄女郎不善怀春。

——〔德国〕歌　德

爱情，你的话是我的食粮，你的气息是我的醇酒。

——〔德国〕歌　德

爱情若不是产生于社会共同信念与事业志趣的基础上，那是浮萍的爱，极易随风而去；只凭感情行动所造成的爱，有如建筑在泥沙上面的塔，总不免要倒塌下来的。

——〔德国〕歌　德

恋爱能使生命燃烧，使生活充实。

——〔德国〕歌　德

爱情的领域非常狭小，它只能容纳两个人存在，如果你同时爱上了几个人，那只是感情上的游戏，不能算其为真正爱情。

——〔德国〕席　勒

只有爱的烦恼消失时仍然能深爱的男人，才真正懂得爱。

——〔德国〕席　勒

贫病知朋友，离乱识爱情。

——〔德国〕席　勒

如果不是每个丈夫都觉得他的妻子美，至少是每个未婚夫都觉得他的未婚妻是美的。

——〔德国〕黑格尔

爱情要达到完满境界，就必须联系到全部意识，联系到全部见解和旨趣的高贵性。

——〔德国〕黑格尔

爱的最高原则是把自己抛舍给对方，在抛舍或牺牲里感觉到自己，在对方的意识里获得对自己的认识。

——〔德国〕黑格尔

在天性上，男人恋爱时是善变的，女性则倾向不变。

——〔德国〕叔本华

没有爱情的婚姻是不会幸福的，而爱情又无法用金钱财物来换取。以金钱财物建筑起来的爱情，只能像河边的沙滩，越挖越浅；以革命孕育起来的爱情，才能像岩石一样永远牢不可破。

——〔德国〕燕　妮

真正的爱情是表现在恋人对他的偶像采取含蓄、谦恭甚至羞涩的态度，而绝不是表现在随意流露热情、过早的亲昵。

——〔德国〕马克思

如果你的爱作为爱没有引起对方的爱，如果你作为恋爱者通过你的生命表现没有使你成为被爱的人，那么你的爱就是无力的，就是不幸。

———〔德国〕马克思

如果说只有爱情为基础的婚姻才是合乎道德的，那么也只有继续保持爱情的婚姻才合乎道德。

———〔德国〕恩格斯

双方的互相爱慕，应当高于其他一切而成为婚姻的基础。

———〔德国〕恩格斯

爱情是两个人的利己主义。

———〔德国〕拉萨尔

求爱的人比被爱的人更加神圣，因为神在求爱的人那儿，不在被爱的人那儿。

———〔德国〕托马斯·曼

为恋爱所征服的人总是无羞耻的。

———〔希腊〕伊　索

经济为条件，就失去了相爱的本意。

———〔希腊〕苏格拉底

最热烈的恋爱，会有最冷漠的结局。

———〔希腊〕苏格拉底

当爱神拍你的肩膀时，就连平日不知诗歌为何物的人也会在突然之间变成一个诗人。

——〔希腊〕柏拉图

爱人至少要在心灵方面没有缺欠；如果只是身体的欠缺，那还不失其为可爱。

——〔希腊〕柏拉图

不但要用眼睛，也要用耳朵去选择爱人。

——〔希腊〕柏拉图

爱的对象应该是品格端正的人，以及稍有缺陷而肯努力上进的人，这才是应该保持的爱情。

——〔希腊〕柏拉图

为着品德而去眷恋一个情人，总是一种很美的事。

——〔希腊〕柏拉图

不能摆脱是人生的苦恼根源之一，恋爱尤其如此。

——〔罗马〕塞涅卡

青年人对于爱情要提得起放得下，那才是一个智者。

——〔罗马〕西塞罗

没有妒忌便没有真爱。

——〔罗马〕奥古斯丁

一种真心的爱慕发出的时候，常常激起别人爱慕。

——〔意大利〕但　丁

我相信爱情是生活的积极面。

——〔意大利〕但　丁

顺应真情献出自己，则爱情越宏大，也越恒久。

——〔意大利〕但　丁

爱神固然常常造访亭台楼阁，不过对于茅屋陋室也并不是拒绝降临。

——〔意大利〕薄伽丘

真正的爱情能够鼓舞人，唤醒他内心沉睡着的力量和潜藏着的才能。

——〔意大利〕薄伽丘

纯洁的爱情是人生中的一种积极的因素、幸福的源泉。

——〔意大利〕薄伽丘

爱情是两个相似的天性在无限感觉中和谐的交融……不能否认道德品质对于爱情的影响，可是当人爱恋一个人的时候，不是把他（她）当作观念，而是把他（她）当作活的个性，爱他（她）的整个。

——〔俄国〕别林斯基

在这个只有两个人有份的特殊恩赐之中，相互间有一种特别甜蜜的爱，是不能用笔和言语来表现的。

——〔俄国〕赫尔岑

初恋的芬芳在于它是热烈的友情。

——〔俄国〕赫尔岑

如果爱情是真情实意，爱的委屈会很快忘记。

——〔俄国〕陀思妥耶夫斯基

爱情的意义在于帮助对方提高，同时也提高自己。

——〔俄国〕车尔尼雪夫斯基

爱情赐予万事万物的魅力，其实绝不应该是人生中短暂的现象；这一道绚烂的生命的光芒，不应该仅仅照耀着探索和渴慕的时期。这个时期其实只应该相当于一天的黎明，黎明虽然可爱、美丽，但是接踵而至的白天，那光和热却比黎明时分更大得多。

——〔俄国〕车尔尼雪夫斯基

爱一个人意味着什么呢？这意味着为他的幸福而高兴，为使他能够更幸福而去做需要的一切，并从这当中得到快乐。

——〔俄国〕车尔尼雪夫斯基

爱情就等于生活，而生活是一种责任、义务，因此爱情是一种责任。

——〔俄国〕冈察洛夫

美化恋爱而对之憧憬的精神主义和只图感觉上享乐的肉体主义，都是同样忽视了恋爱的真谛。两者的倾向虽然相反，但错误是相同的。

——〔俄国〕列夫·托尔斯泰

唯有能够爱得最深刻的人，才能体味最大的苦恼。

——〔俄国〕列夫·托尔斯泰

意见和感情的相同，比之接触更能把两个人结合在一起，这样，两个人尽管相隔得很远，却也很接近。

——〔俄国〕柴可夫斯基

面貌的美丽，只是爱情的一个因素，但心灵与思想的美丽，才是崇高爱情的牢固基础。

——〔俄国〕契诃夫

人类一切美好的东西都来自太阳之光。没有太阳，花就不能开放；没有爱情，就没有幸福；没有女性，就没有爱情；没有母亲，就没有诗人和英雄。

——〔苏联〕高尔基

我们应当学会怎样爱。我们必须成为在爱情上是自觉的公民，因此，我们便应当抛弃旧的习惯和对爱情的观点，说什么爱情是至上的灵感，爱情是一种不可抗拒的力量的袭击，而人只是灵感的"对象"，如此而已。

——〔苏联〕马卡连柯

青年男女应当保持真诚的关系，也就是说，要有这样一种关系：无论对任何事物，不夸大，也不低估。如果彼此不欺骗，如果尊重自己也尊重他人，这时候，不管保持什么样的关系——友谊的、爱慕的等关系——那都是健全的关系。

——〔苏联〕马卡连柯

我们在处理恋爱时应当是自觉的、思想健康的、对自己负责的人，这样就不会演出爱情的悲剧了。

——〔苏联〕马卡连柯

爱情应当使人的力量和感觉更丰富起来，并且爱情的确正在使人丰富起来。

——〔苏联〕马卡连柯

爱情应该是崇高而美丽的，它鼓舞人们去建立功勋，它能激发人们的创造力和崇高的感情。

——〔苏联〕柯切托夫

要记住，爱情是意味着对你爱侣的命运承担责任。为爱情寻欢作乐的人是贪淫好色之徒，是堕落者。爱，意味着献给。把自己的精神力量献给爱侣，为他缔造幸福。

——〔苏联〕苏霍姆林斯基

爱就意味着用心灵去体会别人最细微的精神需要。

——〔苏联〕苏霍姆林斯基

爱情，好比一尊贵重的精致的玻璃花瓶。它对温度的变化十分敏感。不能一会儿置于严寒中，一会儿放在高温下。否则，它将布满不易察觉的裂纹，一旦轻轻一碰，便突然变为碎片，再也不能使它复原。

——〔苏联〕列昂尼多娃

参与爱情的只有两个人，但是，要诞生第三个生命、新的生命。这里就有社会利益，就产生了对集体的义务。

——〔苏联〕列　宁

爱情永远不会是在它实现时的既有体验。爱情从来就既是令人激动的回忆，又是明快清澈的期待。

——〔苏联〕瓦西列夫

爱情是一种社会现象，因为它归根到底是会产生社会后果的。爱情的力量既包括生理的力量，也包括精神的力量，使人们团结在一起。

——〔苏联〕瓦西列夫

爱情的思想内容和社会心理内容决定于社会发展的水平。在不同的社会形态里，爱情有不同的思想内容和社会心理内容。

——〔苏联〕瓦西列夫

当爱情还没有具备感情交流稳固形式时，相互的吸引力可以说同情侣之间的地理距离成反比。

——〔苏联〕瓦西列夫

爱情是无法忍受压迫的。

——〔苏联〕瓦西列夫

对爱情的理论上的阐释往往是自相矛盾的、彼此抵触的、互不相容的（爱情是理智的——爱情是疯狂的；爱情使人高尚——爱情使人卑下；爱情赐予快乐——爱情带来痛苦；爱情使人丰富——爱情使人空虚）。

——〔苏联〕瓦西列夫

爱情的魅力就在于它的神秘性和自发性，它不问缘由，不顾一切，不计利害。

——〔苏联〕瓦西列夫

爱情是人性的自由表露的形式，是生活隐秘领域中美好和高尚、理性和善的观念的实际体现。

——〔苏联〕瓦西列夫

相互尊重，相互同情，从来都是爱情的基础。

——〔苏联〕瓦西列夫

当一个人体验到真正爱情时，他就会表现出自我牺牲的精神和巨大的道德力量。

——〔苏联〕瓦西列夫

爱的微笑像一把神奇的钥匙，可以打开被爱者心灵的迷宫。

——〔苏联〕瓦西列夫

爱情需要薄薄的一层忧伤，需要一点点嫉妒、疑虑、戏剧性的游戏。

——〔苏联〕瓦西列夫

爱情不是一片明澈的清水，可以永远供人照影玩赏。它有涨潮，也有落潮，有毁于风浪的船只的破板，有被淹没的城镇，有章鱼，有风暴，但也有装着黄金的箱子，也有痛苦……不过，珍珠深深地沉没在水底，要靠人们打捞出来，才能属你所有。

——〔苏联〕扎采宾

如果配偶中一方的情感状态的交替频率高出另一方一倍或低一半，这种结合是理论上最完美的。

——〔苏联〕扎采宾

爱情的寿命与钟情者持续的时间的长短是相等的。

——〔苏联〕扎采宾

爱的能力看来是大自然赋予我们的，实际上，正是这种爱情使我们接近自然界。

——〔苏联〕扎采宾

　　爱情是聪明的大自然为每个生命制造的一种甜蜜的骗局，为的是传宗接代。

——〔苏联〕扎采宾

　　爱情不会没有暂时的冷却，在人与人之间的关系中也不会不发生误会。

——〔苏联〕扎采宾

　　美人并不个个可爱，有些只是悦目而醉心。假如见到一个美人就痴情颠倒，这颗心就乱了，永远定不下来；因为美人多得数不尽，他的爱情就茫茫无归宿了……

——〔西班牙〕塞万提斯

我们的自欺，在陷入恋爱时才做得彻底。

——〔日本〕芥川龙之介

恋爱中止后，不说对方的坏话，也是一种道德。

——〔日本〕国分康孝

　　追求爱情对象，应该想得更具体一些，因为爱情意味着爱慕对方的人品（性格）。

——〔日本〕国分康孝

恋爱，从发现意外性的东西开始。

     ——〔日本〕山口百惠

初恋，在现实中虽没有结果，但在回忆中它却是朵永不凋谢之花。

     ——〔日本〕白石浩一

世界上，只要有男女存在，"爱情"就会永远存在。

     ——〔日本〕白石浩一

恋爱如同烈火，时常翻动才能燃烧得持久。

     ——〔日本〕白石浩一

青年人无法无天，玩弄爱情；中年人食髓知味，追求爱情；老年人寂寞无聊，回忆爱情。

     ——〔日本〕秋田雨雀

爱是使生命从善或从恶的岔路口。

     ——〔日本〕今道友信

我们是作为盛满爱的容器被造出来的。

     ——〔日本〕今道友信

爱的构造是矛盾的。在不同的场合下，它既是生命力的昂扬，同时又含有生命的危机。

     ——〔日本〕今道友信

被爱是燃烧。爱是以无尽的油照亮他人。被爱会趋于毁灭，但爱并不会毁灭。

——〔奥地利〕里尔克

爱情比死更坚强。

——〔以色列〕所罗门

恋爱是伴随外在因素的观念而带来的一种快感。

——〔荷兰〕斯宾诺莎

爱情能减少女人的文弱，增加男人的勇气。

——〔匈牙利〕李斯特

在永恒的爱的熏陶下，自私者能变得慷慨，怯懦者变得勇敢，放荡的女人变为容忍与勤俭的贞妇。

——〔波兰〕肖　邦

恋爱和猜忌是永不交谈的。

——〔黎巴嫩〕纪伯伦

以色事他人，色衰而爱弛。

——司马迁

两情若是久长时，又岂在朝朝暮暮。

——秦　观

两性相爱，是人生中最重要的部分。应该保持它的自由、神圣、崇高，不可强制它、污蔑它、压抑它，使它在人间社会丧失了优美的价值。

——李大钊

不要为了爱——盲目的爱——而将别的人生的要义全盘疏忽了。人生第一要义便是要生活，人必须活着，爱才有所附丽。

——鲁　迅

真正的爱是不容利害打算的念头存在于其间的。

——郁达夫

爱，在俭朴的生活中是有真生命的，像一朵朝露浸着的小花草；在奢华的生活中，即使有爱，不能纯粹，不能自然，像是热屋子里烘出来的花，一半天就有衰萎的愁忧。

——徐志摩

未经世事的少女往往会存一个荒诞的幻想，以为恋爱时期的感情高潮在婚后也能维持下去。这是违反自然规律的妄想。

——傅　雷

为了求恋爱成功而尽量隐藏自己的缺点的人其实是愚蠢的。

——傅　雷

对终身伴侣的要求，正如对人生一切的要求一样，不能太苛刻。

——傅　雷

幸福的婚姻是对端庄行为的奖赏

哪里有没有爱情的婚姻，哪里就会有没有婚姻的爱情。

——〔美国〕富兰克林

有些男女没有爱情但必须结婚，有些则虽有爱情却不能结婚。

——〔美国〕富兰克林

摇动摇篮的手也是统治世界的手。

——〔美国〕华莱士

过于装饰固然不宜，完全不装饰也会影响生活情趣；做一个能获得丈夫欢心的妻子，她是知道应该怎样装饰一下的。

——〔英国〕培　根

阴阳和而后雨泽降，夫妇和而后家道昌。

——〔英国〕培　根

走遍天涯觅不到自己所需要的东西的人，回到家里就发现它了。

——〔英国〕莫　尔

婚姻是青春的结束，人生的开始。

——〔英国〕莎士比亚

妻子奢侈，丈夫即不能荣贵。

——〔英国〕莎士比亚

一个好妻子，除了处理家务外，她必须兼有慈母、良伴、恋人三种品质。

——〔英国〕莎士比亚

轻浮的妻子是会使丈夫的心头沉重的。

——〔英国〕莎士比亚

草率的婚姻少美满。

——〔英国〕莎士比亚

不要过分奢望婚姻生活的快乐。记住，黄莺只在春天的几个月里唱歌，当它们孵卵时常是静默的。

——〔英国〕富　勒

选择妻子要用眼睛，不可用耳朵。

——〔英国〕约翰生

半个世界无法理解另外半个世界的欢乐。

——〔英国〕奥斯丁

夫妇的体贴在于生活上的细节；情人的体贴则在于一般的行为。

——〔英国〕卡莱尔

这是一个不幸的事实：连伟大人物也有穷亲戚。

——〔英国〕狄更斯

选择妻子，正如计划作战一样，只要错误一次，就永远糟糕了。

——〔英国〕萧伯纳

家是世界上唯一隐藏人类缺点与失败，而同时也蕴藏着甜蜜之爱的地方。

——〔英国〕萧伯纳

婚姻之所以普遍，是因为它将最大量的诱惑与最多的机会结合在一起。

——〔英国〕萧伯纳

不论男女，都不够尽善尽美。所以，真正的结婚是谈不到什么平等或不平等的。

——〔英国〕丁尼生

婚姻是一次难以争辩的长谈。

——〔英国〕斯蒂文生

正如小小的文字会使眼睛疼痛一样，琐细的事情也更能刺激我们……家庭里的刺，即使繁而小，仍然尖锐刺人。

——〔法国〕蒙　田

有益于身而有害于家的事我不做，有益于家而有害于国的事我也不做。

——〔法国〕孟德斯鸠

对于亚当，天堂是他的家，而他的后裔，家就是天堂。

——〔法国〕伏尔泰

结婚是替胆小的人准备的唯一冒险。

——〔法国〕伏尔泰

家庭生活的乐趣是抵抗坏风气的毒害的最好良剂。

——〔法国〕卢　梭

我的意思并不是说在婚姻问题上可以不考虑社会关系，我的意思是说自然关系的影响比社会关系的影响要大得多，它甚至可以决定我们一生的命运，而且在爱好、脾气、感情和性格方面是如此严格地要求双方相配……这样一对彼此相配的夫妇是经得起一切可能发生的灾难的袭击的，当他们一块儿过着贫困的日子的时候，他们比一对占有全世界的财产的离心离德的夫妻还幸福得多。

——〔法国〕卢　梭

美妇娱目，供半世之玩好；良妇娱心，做终身之伴侣。

——〔法国〕拿破仑

好丈夫永远不会夜晚早睡，早晨迟起。

——〔法国〕巴尔扎克

爱是欲望和感情的调和，幸福的婚姻是由夫妻间心灵的融洽的结果产生的。

——〔法国〕巴尔扎克

家贫思良妻，国乱思忠臣。

——〔法国〕法朗士

人世间最美丽的情景是出现在当我们怀念到母亲的时候。

——〔法国〕莫泊桑

家人互相结合在一起，才真正是这人世间的唯一幸福。

——〔法国〕居里夫人

婚姻是要联合两个完整的独立个体，不是一个附和，不是一个退路，不是一种逃避或一次弥补。

——〔法国〕西蒙·波伏娃

大部分人都是在迷迷糊糊中结婚，因此，其结果会使你后悔一辈子。

——〔法国〕莫里哀

仓促结婚，是要在悠闲中悔恨的。

——〔法国〕康格里夫

结婚不是恋爱的终结；爱的"事业"是永无止境的。

——〔法国〕大仲马

婚姻的唯一伟大之处在于唯一的爱情，两颗心的互相忠实。

——〔法国〕罗曼·罗兰

家庭乃是社会之缩影，事实上，家庭是具有自发维持能力的最小社会。

——〔德国〕康　德

幸福的婚姻是对端庄行为的奖赏。

——〔德国〕康　德

家庭关系建立在婚姻之上，婚姻则植根于两性间天然的相辅相成或互相联系之上。

——〔德国〕康　德

我选择妻子，像她选择她的结婚礼服一样，要好的质料。

——〔德国〕歌　德

我宁愿用一小杯真和美来组织一个美满的家庭，不愿用几大船家具组织一个索然无味的家庭。

——〔德国〕海　涅

如果你要想毁掉自己，那么娶一个有钱的妻子。

——〔德国〕席　勒

婚姻实质上是伦理关系。婚姻是具有法定意义的伦理性的爱。

——〔德国〕黑格尔

恋爱是结婚的过程；结婚是恋爱的目的。

——〔德国〕叔本华

迄今尚未发明出一种可供在婚姻的海洋里航行的指南针。

——〔德国〕海　涅

当你打算和一个人共同生活白头偕老的时候，用五六年的时间来做巨大而必要的考察大概不算长。

——〔德国〕燕　妮

家庭是用孜孜不倦的爱情的劳动建立起来的。

——〔俄国〕陀斯妥耶夫斯基

幸福的家庭都是相似的，而不幸的家庭各有各的不幸。

——〔俄国〕列夫·托尔斯泰

夫妻必须互相尊重，而不是互相拴上链子。

——〔俄国〕列夫·托尔斯泰

家庭集体的完整和团结一致是良好教育的一个基本条件。

——〔苏联〕马卡连柯

家庭是社会的一个天然的基层细胞，人类美好的生活在这里实现，人类胜利的力量在这里滋长，儿童在这里生活着、成长着——这是人生的主要快乐。

——〔苏联〕马卡连柯

做了父亲和做了母亲，这是人的第二次降生。

——〔苏联〕苏霍姆林斯基

婚姻是一件你必须贡献出全部思想的东西。

——〔挪威〕易卜生

父不慈则子不孝，兄不友则弟不恭，夫不义则妇不顺矣。

——颜之推

贫贱之交不可忘，糟糠之妻不下堂。

——班　固

妻虽贤不可使与外事，仆虽能不可吏与内事。

——史搢臣

妻子如果一方面要把丈夫紧紧抱到怀里，一方面又要他出人头地，天下根本没有这种便宜的事。

——柏　杨

图书在版编目（CIP）数据

名人言／刘巍编. — 北京：中国文史出版社，
2020.3
ISBN 978 - 7 - 5205 - 1885 - 7

Ⅰ. ①名… Ⅱ. ①刘… Ⅲ. ①格言 - 汇编 - 世界
Ⅳ. ①H033

中国版本图书馆 CIP 数据核字（2019）第 297179 号

责任编辑：卢祥秋

出版发行：**中国文史出版社**

社　　址：北京市海淀区西八里庄 69 号院　邮编：100142
电　　话：010 - 81136606　81136602　81136603（发行部）
传　　真：010 - 81136655
印　　装：北京东君印刷有限公司
经　　销：全国新华书店
开　　本：889×1194　1/32
印　　张：9　　　　字数：170 千字
版　　次：2020 年 3 月第 1 版
印　　次：2020 年 3 月第 1 次印刷
定　　价：49.80 元